Geheime Künste

BACHBLÜTEN

W0389008

Geheime Künste

BACHBLÜTEN

JEREMY HARWOOD

evergreen

EVERGREEN is an imprint of TASCHEN GmbH

Copyright © für diese Ausgabe:
2004 TASCHEN GmbH
Hohenzollernring 53, D-50672 Köln
www.taschen.com

Originalausgabe von
THE IVY PRESS LIMITED,
The Old Candlemakers, Lewes, East Sussex BN7 2NZ

Art Director *Peter Bridgewater*
Redaktionsleitung *Sophie Collins*
Designer *Kevin Knight, Jane Lanaway*
Redaktion *Rowan Davies*
Bildrecherche *Liz Eddison, Vanessa Fletcher*
Fotografien *Guy Ryecart*
Bildbeschaffung *Kay MacMullan*
Illustrationen *Sarah Young, Catherine McIntyre, Vanessa Luff, Andrew Milne*
Dreidimensionale Modelle *Mark Jamieson*

Gesamtproduktion der deutschen Ausgabe:
Opeker Multimedia, Freiburg (www.opeker-multimedia.de)
Übersetzung aus dem Englischen: *Karin Opeker*
Lektorat/Redaktion: *Christel Opeker/Dorothea Wenninger*

Alle Rechte vorbehalten:
Kein Teil dieses Werks darf ohne schriftliche Einwillung des Verlages
in irgendeiner Form (Fotokopie, Mikrofilm oder ein anderes Verfahren)
reproduziert oder unter Verwendung elektronischer Systeme
verarbeitet, vervielfältigt oder verbreitet werden.

Printed in China

ISBN 3-8228-3330-4

Die Ratschläge und Empfehlungen in diesem Buch
wurden von Autoren und Verlag nach bestem
Wissen und Gewissen erarbeitet und sorgfältig geprüft.
Dennoch kann eine Garantie oder
Haftung nicht übernommen werden.

INHALT

LÄRCHENZAPFEN

ÜBER DIESES BUCH

Wir haben aus Gründen der leichteren Lesbarkeit *Geheime Künste: Bachblüten* in zwei voneinander unterschiedene Bereiche aufgeteilt. Im ersten Teil des Buches finden Sie Hintergründe. Er zeigt Ihnen, was das Bachblütensystem ist, wie es funktioniert und wie die einzelnen Mittel zubereitet und angewendet werden. Der zweite Teil besteht aus einem Blütenverzeichnis, gruppiert nach Emotionsgruppen, wie von Edward Bach in seinem letzten Buch *The Twelve Healers and Other Remedies* empfohlen.

Wichtiger Hinweis

Wenn Sie an seelischen Problemen leiden, die Sie bei der Arbeit oder in Beziehungen ernsthaft behindern, sollten Sie unbedingt einen Arzt aufsuchen. Es ist auch wichtig, dass Sie Ihren Arzt über alle Mittel, die Sie nehmen informieren. Wenn sie jemals das Gefühl haben, sich selbst oder anderen schaden zu wollen, müssen Sie sich umgehend in medizinische Betreuung begeben. Sollten ungewöhnliche oder unerklärliche Symptome bei Ihnen auftauchen, beispielsweise Bewusstseinsstörungen, müssen Sie sich ebenfalls sofort behandeln lassen.

Bachblütenmittel ersetzen keinesfalls Medikamente, die Sie vom Arzt verordnet bekommen haben.

Teelöffel

DIE STOCK BOTTLES Aus der Urtinktur, der Essenz, können weitere Tinkturen hergestellt werden. Die erste Mischung umfasst die so genannten Stock Remedies, aus denen die individuellen Mittel zur Behandlung gewonnen werden. Wie Sie die Tinkturen aus den Stock Remedies herstellen, hängt davon ab, was Sie bevorzugen. Wir zeigen Ihnen verschiedene Möglichkeiten.

Verfügbarkeit
Tragen Sie die Flasche mit Blütentropfen stets bei sich

Pipette

Einnahme

22

23

Informationen zur Anwendung

Auf diesen Seiten erfahren Sie, wie die Blütenauszüge zubereitet und eingenommen werden.

Geistige Überanstrengung

OLIVE Wenn Ihre spirituellen und emotionalen Energiereserven erschöpft sind, kann Olive Ihnen helfen. Menschen in einem negativen Olive-Zustand haben körperlich und geistig so viel geleistet, dass sie schließlich alle Kraft verloren haben. Schon durch den Alltag zu kommen, bedeutet für sie eine große Anstrengung, sie sind kaum fähig weiterzumachen. Die permanente Belastung, unter der sie leiden, nimmt ihnen jede Lebensfreude. Das Mittel hilft Ihnen in einem solchen Zustand, Ihre Energiereserven aufzufüllen und damit Geist, Seele und Körper zu revitalisieren. Sie können wieder auftanken und mit den Anforderungen des Lebens umgehen, statt im Zustand völliger Erschöpfung aufzugeben.

Informationen

Wuchsort

102

103

Pflanzenführer

Zu jeder Bachblüte wird zunächst die Pflanze vorgestellt, von der sie stammt.

Details

Mehr ins Einzelne gehende Seiten ergänzen die Beschreibung der Blütenmittel.

Schlüssel

Die Symbole zeigen, zu welcher Gruppe ein Blütenmittel gehört.

Das Mittel Aspen

Aspen-Ängste sind besonders fürchterlich, da sie laut Definition nicht konkret sind. Allen gemeinsam ist die Tatsache, dass sie ohne äußeren Grund auftreten.

Vor Angst zittern

Der negative Zustand

48

49

DIE MITTEL IN DER PRAXIS Edward Bach glaubte, dass die von ihm entdeckte fantastische Pflanzenmedizin frei erhältlich sein sollte, damit möglichst viele Menschen davon profitieren. Er war ein Verfechter der Eigentherapie. Der erfolgreiche Bach-Behandler hat keine Patienten – alle sind im Besitz der Ausstattung, mit der sie sich selbst behandeln können. Die Fallbeispiele zeigen Ihnen die Bachblütentherapie in der Praxis.

Fallstudie

58

59

Praxis

Fallbeispiele veranschaulichen die Wirkungen der Bachblüten in der Praxis.

Einführung

Red Chestnut

Die Blüten der roten Rosskastanie gehören zu den 38 von Dr. Bach entdeckten Heilmitteln.

Dr. Edward Bach (1886–1936), der Entdecker der berühmten Blütentherapie, hatte eine Praxis in der Londoner Ärztestraße Harley Street, als er der Schulmedizin den Rücken kehrte, um ein Pionier der Alternativmedizin zu werden.

Bach war enttäuscht vom schulmedizinischen Ansatz der Diagnose und des Heilens von Krankheiten, den er auf der Universität lernte und als Krankenhausarzt und in seiner eigenen Praxis jahrelang anwandte. Er wandte sich zunächst Samuel Hahnemanns Homöopathie zu, mit dem er darin übereinstimmte, dass „der Patient der wichtigste Faktor bei seiner eigenen Heilung ist". Er gewann in diesem Bereich sehr viel Anerkennung. Die von ihm isolierten homöopathischen Impfstoffe, die Nosoden, werden noch heute von Homöopathen angewandt. Seinen hohen Idealen genügte dies jedoch nicht.

Ein universelles Heilsystem

Homöopathie und persönliche Erfahrung lehrten Edward Bach sehr viel, aber er wollte mehr. Er begann schließlich sein eigenes universelles Heilsystem zu entwickeln. Dieser Arbeit widmete er von den 1920ern bis kurz vor seinem Tod, 1936, sein Leben. Kurz nach Vollendung seines Grundlagenwerks *The Twelve Healers and Other Remedies* (*Die zwölf Heiler und andere Heilmittel*) starb er. Wer sich mit dem Bachblüten-System beschäftigen möchte, beginnt am besten mit diesem Werk. Es ist klar gegliedert und logisch aufgebaut. Das ist nicht weiter erstaunlich, wenn man bedenkt, dass es immer Bachs Ideal war, die Dinge so einfach wie möglich zu machen. Die Mittel, die er entdeckte, werden aus, wie er sagte, „einfachen" Pflanzen gewonnen und das Bachblütensystem ist genauso einfach.

Mittel und Anwendungsweise sollten nach Edward Bach unbedingt auch „ohne medizinische Kenntnisse" und so „einfach zu verstehen sein, dass man sie in jedem Haushalt einsetzen kann". Im gleichen Vortrag des Jahres 1936, den er anlässlich seines 50. Geburtstages hielt, betonte er: „Nicht die Krankheit ist von Bedeutung, *sondern der Patient*, die Art und Weise, in der er oder sie betroffen ist, dies ist unser wahrer Führer zur Heilung."

Anhänger des Bachblütensystems halten es für vollständig und ausreichend. Trotzdem empfehlen wir Ihnen dringend, Bachblüten nicht als Ersatz für ein vom Arzt verschriebenes Medikament zu nutzen. Außerdem sollten Sie, wenn sich Ihr Zustand nicht in zwei bis drei Wochen bessert, mit der Einnahme aufhören. Gehen Sie, gerade auch bei unklaren Symptomen, rechtzeitig zum Arzt, statt wahllos Mittel zu probieren.

EDWARD BACH
DER MANN UND DIE BLÜTEN

Dr. Edward Bach muss ein faszinierender Mensch gewesen sein. Erstaunlicherweise wissen wir sehr viel über ihn, obwohl er nur wenige Aufzeichnungen hinterlassen hat. Als Edward Bach sein letztes Werk zu seinem Heilsystem geschrieben hatte, verbrannte er seine ganzen Aufzeichnungen. Es war eine bewusste Aktion, da er wollte, dass die Dinge so einfach wie möglich blieben. Sein System war fertig und es bestand für ihn kein Grund mehr, seine Aufzeichnungen aufzubewahren und damit Anlass zu Unklarheiten zu geben. Die Einleitung dieses Buches stellt Ihnen diesen Mann und seine Philosophie vor. Es zeigt Ihnen, wie die Mittel, die er entdeckte, zubereitet werden und wie man andere oder sich selbst damit behandelt.

Die Bachblüten

ASPEN
BEI ANGST

WALNUT
BEI ÜBEREMPFINDLICHKEIT

HONEYSUCKLE
BEI SEHNSUCHT

HEATHER
BEI EINSAMKEIT

Die 38 Blütenmittel – 39 mit Rescue Remedy –, die der große Naturheiler Edward Bach entdeckte, bilden ein einzigartiges, in sich vollständiges Heilsystem. Er arbeitete ein Blütenheilsystem aus, das sich gegen jeden negativen Seelenzustand einsetzen lassen sollte. Die Mittel, die jedes für sich oder in Kombination eingenommen werden können, wirkten bei unterschiedlichsten Zuständen und konnten neben einer Normalisierung des seelischen Zustands auch eine Besserung der begleitenden körperlichen Symptome bewirken. Bach ging davon aus, dass körperliche Krankheit ein Resultat seelischer Unausgeglichenheit darstellt. Damit ist unabhängig von körperlichen Symptomen der geistig-seelische Zustand des Patienten der Ausgangspunkt der Behandlung. Die Mittel werden aufgrund von seelischer Haltung, Stimmung, Temperament und Persönlichkeit des Kranken ausgewählt. „Behandle den Patienten entsprechend der Stimmung, des Charakters und der Individualität und du machst keinen Fehler." Seiner Ansicht nach ist die körperliche Krankheit irrelevant, denn sie stellt nur „die Reaktion des Patienten auf die wahre zugrunde liegende Krankheit dar".

„Einfachheit" ist eine wichtiges Schlagwort Bachs. Sein Ziel war stets,

AGRIMONY
BEI VERSTECKTER ANGST

OAK
BEI ÜBERANSTRENGUNG

CHICORY
BEI SELBSTBEZOGENHEIT

ein „System der Mittelwahl" zu entwickeln, das „einfach genug war, um von den meisten Menschen verstanden zu werden". Diese Vorliebe für das Einfache ließ ihn das System auch immer wieder überarbeiten.

Die Verfeinerung des Systems

Wenn man Bachs spärliche noch vorhandene Notizen anschaut, dann kann man sich gut vorstellen, wie er im Detail vorging, wie er etwa die ursprünglichen Schemata, nach denen er die entdeckten Mittel klassifizierte, nach und nach überarbeitete. Er ordnete schließlich alle 38 Mittel sieben Hauptgruppen zu: Angst, Unsicherheit, Sehnsucht nach Vergangenem, Einsamkeit, Überempfindlichkeit gegenüber fremden Ideen und Einflüssen, Verzweiflung und übertriebene Sorge um andere Menschen. Diese Gruppen sind die Grundlage des Systems.

Außerdem unterteilte Edward Bach die Mittel nach Stimmungs- und Typmitteln. Grundsätzlich können alle 38 Mittel als Stimmungsmittel verabreicht werden. Manche sind jedoch zusätzlich als Typmittel einsetzbar, d.h. sie helfen einem bestimmten Persönlichkeitstyp im Umgang mit dessen ganz spezifischen Problemen.

Reinheit
Geben Sie die Blüten mit einem Blatt ins Wasser, um sie nicht zu berühren.

DIE SONNENMETHODE

Edward Bach entwickelte zwei Methoden zur Herstellung der so genannten Urtinktur: die Sonnenmethode, bei der die Blüten unter Einwirkung der Sonne im Wasser ziehen, und die Kochmethode, bei der Zweige, Blätter und Blüten gekocht werden (siehe S. 18–19). Die nur in der Bachblütentherapie übliche Sonnenmethode wird bei Blumen angewandt, die im späten Frühjahr oder Sommer blühen. Sie benötigen eine Glasschale, einen kleinen Glaskrug, eine Tropfflasche und eine Schere und zusätzlich vielleicht eine Flasche Stilles Mineralwasser oder Quellwasser, falls am Sammelort der Blüten kein sauberes Wasser vorhanden ist. Gefäße und Scheren müssen sterilisiert sein.

Ausstattung
Die Gefäße, die Sie zur Zubereitung benötigen, sind einfach und leicht erhältlich.

1 *Die Blüten müssen etwa um 9.00 Uhr gepflückt werden, wenn Sie gerade frisch aufgegangen sind. Füllen Sie eine Schale mit frischem Quellwasser und schneiden Sie die Blütenköpfe ab, sodass sie direkt in das Wasser fallen. Die Blüten müssen die ganze Wasseroberfläche bedecken. Jede Blüte muss mit dem Wasser in Berührung kommen. Vermeiden Sie die Berührung des Wassers und der Blüten, und achten Sie darauf, dass Ihr Schatten nicht auf die Schale fällt. Lassen Sie die Schale drei Stunden oder bis die Blumen zu verblühen beginnen – in der Sonne stehen.*

2 *Dann entnehmen Sie die Blüten. Achten Sie darauf, dass Sie dabei die Wasseroberfläche nicht berühren.*

3 *Beim letzten Schritt wird das energetisierte Wasser im Tropfgefäß mit 40%igem Alkohol im Verhältnis 50:50 gemischt. Das ergibt die Urtinktur. Edward Bach nahm zur Konservierung Weinbrand. Auch das Bach-Zentrum setzt heute noch Weinbrand zu. Die Mischung ist so stark verdünnt, dass Sie sich keine Sorgen wegen eines hohen Alkoholgehalts machen müssen. Die Kraft der Urtinktur bleibt durch den Alkohol sehr lange erhalten.*

Erlaubnis

Pflücken Sie keine Pflanzen, die Sie nicht kennen – sie könnten geschützt sein. Holen Sie auch die Erlaubnis des Landbesitzers ein.

Energetisierung

Die Mischung steht einige Stunden, bis die Sonnenenergie aufgenommen ist.

Der Mann, der die Blütenmedizin entdeckte

Wäre Edward Bach als Arzt seiner Harley-Street-Praxis treu geblieben, würde sein Name immerhin als eine etwas umfangreichere Randbemerkung in der Geschichte der Alternativmedizin auftauchen, weil er die heute noch in der Homöopathie eingesetzten sieben Nosoden, eine Art Impfstoff, entdeckte. Bachs Forschergeist ließ ihn jedoch einen neuen, ganz eigenen Weg beschreiten, womit er zu einem Pionier der Alternativmedizin wurde.

Bach ging grundsätzlich davon aus, dass Krankheit nicht in erster Linie körperliche Ursachen hat. Nach ihm beruht Krankheit auf einer tiefen Störung der inneren Harmonie aufgrund emotionaler Unausgeglichenheit.

Was Bach glaubte

Bach gelangte zu der Überzeugung, dass emotionale Faktoren, wie etwa Angst und Furcht, zu einer Belastung der Seele führen, die sich nachteilig auf die natürliche Vitalität des Körpers und damit der Abwehrkräfte auswirkt. Er schloss daraus, dass man, statt einfach körperliche Symptome zu behandeln, die Ursache dafür beseitigen müsse, die meist emotionaler oder spiritueller Natur sei. Sein Ziel war die Entwicklung eines

1886	**1912**	**1917**	**1919**
Bach wird in Moseley, Warwickshire, geboren.	Abschluss des Medizinstudiums, Bach beginnt zu praktizieren.	Nach einer Krebsoperation geben ihm seine Arztkollegen nur noch wenige Monate.	Ruf an das Londoner Homöopathische Krankenhaus.

CERATO

BACH ALS JUNGER MANN

CHERRY PLUM

umfassenden Heilsystems, das Krankheiten über die Behandlung der zugrunde liegenden seelischen Unausgeglichenheit heilen sollte.

Zu seinen wichtigsten Entdeckungen gehörte die Unterteilung der Menschen in verschiedene, von Charakter und Verhalten bestimmte Persönlichkeitsgruppen. Außerdem forschte er nach etwas, das seelische oder spirituelle Zustände positiv beeinflussen konnte. Bach suchte nach einer reinen Medizin, die rundum positiv wirken sollte, was ihn zur Beschäftigung mit wild wachsenden Pflanzen brachte. 1928 entdeckte er seine ersten beiden Bachblüten, 1930 gab er seine Londoner Praxis auf, um sich ganz der Entwicklung des Bachblütensystems widmen zu können.

Im Laufe der folgenden vier Jahre entdeckte Bach weitere 17 Mittel. Er ließ sich in Mount Vernon in Sotwell, Südengland, nieder, wo er seine Forschungen fortsetzte und nach weiteren Mitteln suchte. Bis August 1935 hatte er zusätzliche 19 Mittel entdeckt. Wie von ihm beabsichtigt, ermöglichten die von ihm entdeckten Mittel und deren einfache Anwendungsweise bald jedem Menschen eine unkomplizierte Heilmethode für die häusliche Praxis.

1928

Bach entdeckt in Wales die ersten beiden Blütenmittel. Zwei Jahre später gibt er seine Praxis in London auf.

DR. BACH

1934

Umzug nach Mount Vernon, Oxfordshire, und Fortsetzung der Forschungen.

CHICORY

1936

Tod im November, nach Vervollständigung seines Werkes über die Blütenmittel.

BUCHENBLATT

DIE KOCHMETHODE

Mithilfe von Edward Bachs Sonnenmethode (siehe S. 14–15) werden heute noch 20 der Bachblüten hergestellt. Für die anderen 18, die meist aus festeren, blühenden Zweigen bestehen, wählte Bach die Kochmethode. Sie benötigen hierfür einen hohen Edelstahl- oder Emailtopf mit Stiel und Deckel, eine Gartenschere, zwei kleine Glaskrüge, eine Tropfflasche und zwei bis drei Filtertüten. Topf, Krüge, Gartenschere und Tropfflasche müssen vor Beginn der Arbeit sterilisiert werden.

Ausstattung

Alle Utensilien müssen vor dem Gebrauch sterilisiert werden. Kochen Sie hierzu alle Gefäße etc. auf kleiner Flamme in sauberem Wasser im Kochtopf aus. Sie sollten dafür etwa 20 Minuten einplanen.

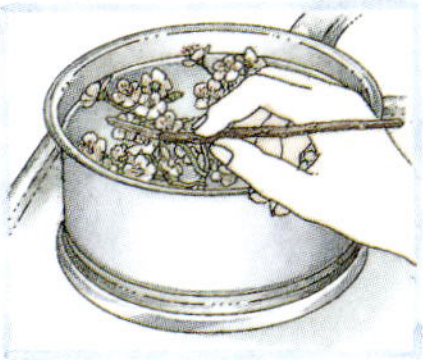

1 *Sammeln Sie die blühenden Sträuße, Blätter und Zweige an einem frühen sonnigen Morgen. Geben Sie sie in den Topf, ohne sie zu berühren. Wenn der Topf zu drei Vierteln gefüllt ist, kommt der Deckel darauf. Zu Hause gießen Sie stilles Wasser oder Quellwasser zu, bis alles bedeckt ist, und lassen alles ohne Deckel eine halbe Stunde kochen. Machen Sie den Deckel darauf und stellen Sie den Topf zur Abkühlung an die frische Luft. Entfernen Sie die Pflanzenteile und lassen Sie die Mischung noch etwas ruhen*

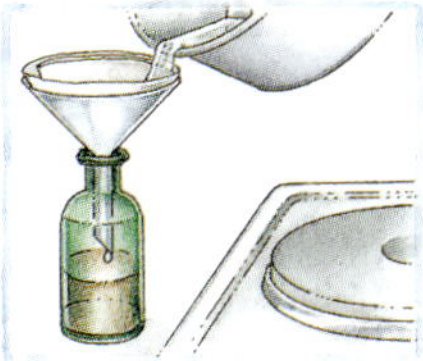

2 *Nun fülllen Sie das energetisierte Wasser in den einen Krug und filtern es dann langsam durch ein Filterpapier in den anderen Krug, bis Sie genug Wasser für eine halbe Füllung des Tropffläschchens haben, das schon zur Hälfte mit Alkohol gefüllt ist. Geben Sie das Wasser zum Alkohol. Nun haben Sie die Urtinktur.*

Beschriftung

Beschriften Sie die Fläschchen sorgfältig mit Name, Datum und Ort.

Ruhezeit

Lassen Sie die Flüssigkeit stehen, bis sich der Bodensatz absetzt.

Erhitzen

Mit einem tragbaren Gaskocher können Sie den Topf an Ort und Stelle erhitzen.

Zubereitungsmethoden für jede Blüte

Herkunft

Olive, Vine und Cerato sind die drei einzigen Blütenmittel nach Dr. Bach, die von außerhalb Großbritanniens stammen.

Abgesehen von Olive, Vine und Cerato werden alle Pflanzen für Bachs Blütenheilmittel in den Wiesen und Wäldern Großbritanniens gesammelt, genauso wie schon 1928, als Bach mit seiner Forschung begann. Mit Ausnahme von Rock Water, werden alle 38 Grundmittel aus Pflanzen, meist aus Blumen, hergestellt. Rock Water ist ein spezielles Mittel, das aus reinem Quellwasser hergestellt wird. Um die heilende Essenz der Pflanzen zu gewinnen und damit die Urtinktur zu erhalten, entwickelte Bach zwei natürliche Verfahrensweisen: die Sonnenmethode (siehe S. 14–15) und die Kochmethode (siehe S. 18–19).

Der Nachteil der Sonnenmethode liegt darin, dass sie nur bei Blüten angewandt werden kann, die im späten Frühjahr und im Sommer blühen, wenn die Sonne am stärksten scheint. Bach war schnell klar, dass im frühen Frühjahr auf der Nordhalbkugel der Erde die Sonnenwärme nicht ausreicht, um das Wasser ausreichend zu energetisieren. Deshalb entwickelte er die Kochmethode, bei der Blüten, Zweige und Kätzchen von zumeist früh blühenden Bäumen und Büschen gekocht werden.

Die nebenstehende Liste zeigt Ihnen, welche Pflanze mithilfe welcher Methode zu welcher Jahreszeit verarbeitet wird. Die genaue Sammelzeit hängt vom Wetter ab. Die genaue Blütezeit von Olive und Vine hängt auch von der jeweiligen geografischen Herkunft ab.

Zubereitung		
Cherry Plum	Spätwinter bis Frühlingsmitte	KOCHEN
Elm	Frühlingsanfang bis -mitte	KOCHEN
Aspen	Frühlingsanfang bis -mitte	KOCHEN
Beech	Frühlingsmitte bis Spätfrühling	KOCHEN
Chestnut Bud	Frühlingsmitte bis Spätfrühling	KOCHEN
Hornbeam	Frühlingsmitte bis Spätfrühling	KOCHEN
Larch	Frühlingsmitte bis Spätfrühling	KOCHEN
Walnut	Frühlingsmitte bis Spätfrühling	KOCHEN
Oak	Frühlingsmitte bis Spätfrühling	SONNE
Star of Bethlehem	Frühlingsmitte bis Frühsommer	KOCHEN
Gorse	Frühlingsmitte bis Frühsommer	SONNE
Holly	Spätfrühling	KOCHEN
Crab Apple	Spätfrühling	KOCHEN
Willow	Spätfrühling	KOCHEN
Olive	Spätfrühling	SONNE
Vine	Spätfrühling	SONNE
Red Chestnut	Spätfrühling bis Frühsommer	KOCHEN
Pine	Spätfrühling bis Frühsommer	KOCHEN
White Chestnut	Spätfrühling bis Frühsommer	SONNE
Water Violet	Spätfrühling bis Frühsommer	SONNE
Mustard	Spätfrühling bis Hochsommer	KOCHEN
Rock Water	Frühsommer bis Hochsommer	SONNE
Honeysuckle	Frühsommer bis Spätsommer	KOCHEN
Sweet Chestnut	Frühsommer bis Spätsommer	KOCHEN
Wild Rose	Frühsommer bis Spätsommer	KOCHEN
Mimulus	Frühsommer bis Spätsommer	SONNE
Agrimony	Frühsommer bis Spätsommer	SONNE
Scleranthus	Frühsommer bis Spätsommer	SONNE
Rock Rose	Frühsommer bis Frühherbst	SONNE
Centaury	Frühsommer bis Frühherbst	SONNE
Wild Oat	Hochsommer bis Spätsommer	SONNE
Impatiens	Hochsommer bis Frühherbst	SONNE
Chicory	Hochsommer bis Frühherbst	SONNE
Vervain	Hochsommer bis Frühherbst	SONNE
Clematis	Hochsommer bis Frühherbst	SONNE
Heather	Hochsommer bis Frühherbst	SONNE
Cerato	Spätsommer bis Frühherbst	SONNE
Gentian	Spätsommer bis Frühherbst	SONNE

Teelöffel
Die Blütenauszüge können mit Wasser eingenommen werden.

DIE STOCK BOTTLES

Aus der Urtinktur, der Essenz, können weitere Tinkturen hergestellt werden. Die erste Mischung umfasst die so genannten Stock Remedies, aus denen die individuellen Mittel zur Behandlung gewonnen werden. Wie Sie die Tinkturen aus den Stock Remedies herstellen, hängt davon ab, was Sie bevorzugen. Wir zeigen Ihnen verschiedene Möglichkeiten.

1 *Um eine Stock Bottle – die Fläschchen, die Sie im entsprechenden Handel kaufen können – herzustellen, müssen Sie 30 ml Alkohol in eine sterilisierte Tropfflasche geben.*

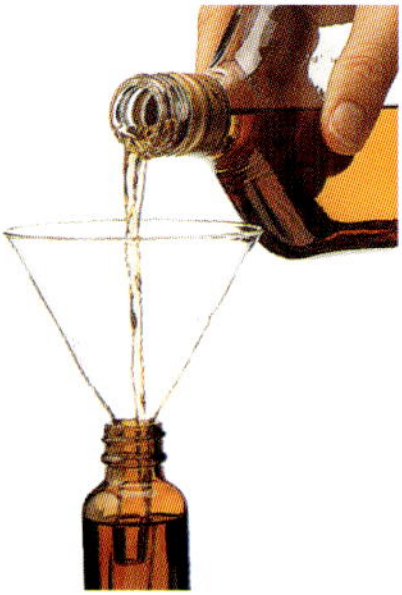

2 *Fügen Sie zwei Tropfen Urtinktur dazu. Das scheint wenig, ist aber nach Bach völlig ausreichend. Mehr davon wird nicht mehr bewirken.*

3 *Dann können Sie zwei Tropfen der passenden Mittel aus der jeweiligen Stock Bottle in ein Glas Wasser geben und mindestens viermal täglich einen Schluck davon trinken, bis Sie sich besser fühlen. Das hilft sehr gut gegen ein kurzzeitiges Stimmungstief.*

4 *Sie können die Tropfen auch direkt auf die Zunge tropfen, sie mit einem Teelöffel Wasser einnehmen oder in Tee, Kaffee oder ein anderes Getränk geben. Sie sollten auf jeden Fall darauf achten, dass das Mittel einige Sekunden in Ihrem Mund bleibt, ehe Sie es schlucken, und dass Sie dabei an die positive Wirkung denken. Sie können auch, vor allem für eine längere Behandlungsdauer, ein spezielles Fläschchen richten.*

5 *Dafür fügen Sie zwei Tropfen jedes benötigten Mittels in eine leere Tropfflasche und füllen sie mit stillem Mineralwasser oder reinem Quellwasser auf. Sie sollten mindestens viermal täglich vier Tropfen nehmen, es darf aber auch mehr sein. Auch in Bezug auf die Anzahl der Mittel gibt es keine festen Regeln, obwohl Heilpraktiker, die nach Bach behandeln, meist nicht mehr als sechs bis sieben Mittel auf einmal verordnen.*

Verfügbarkeit

Tragen Sie die Flasche mit Blütentropfen stets bei sich.

Einnahme

Behalten Sie die Tropfen für einige Sekunden im Mund, bevor Sie schlucken.

Grundlagen der Heilung

Weiterentwicklung
Die Blütenheilmittel helfen bei der Entwicklung des „Höheren Selbst".

Die Herstellung der Blütenauszüge ist einfach. Man benötigt dazu keine Spezialkenntnisse. Die Entscheidungsfindung in Bezug auf das richtige Mittel für ein Leiden, die richtige Einnahmemenge und die Einnahmedauer sollte unkompliziert sein. Edward Bach legte großen Wert darauf, alles zu vermeiden, was die Sache zu kompliziert machen könnte. Er schrieb etwa kurz vor seinem Tod an seinen Kollegen und Freund Victor Bullen: „Unsere Aufgabe ist es, unerschütterlich an der Einfachheit und Klarheit dieser Heilmethode festzuhalten." Zur gleichen Zeit verbrannte Bach viele seiner Aufzeichnungen. Seiner Ansicht nach waren diese, etwa von ihm aufgegebene Theorien, nicht mehr relevant. Alles was gesagt werden musste, lag nun in seinem Grundlagenwerk: *The Twelve Healers and Other Remedies* vor.

Der Schlüsel zu Heilung und Selbstheilung in der Bachblütentherapie liegt in der Selbsterkenntnis. Dazu gehört auch die Einsicht in die spirituelle Seite der Persönlichkeit, das so genannte „Höhere Selbst", und in das Alltags-Selbst. Wenn die spirituelle Persönlichkeit und das Alltags-Selbst nicht im Einklang miteinander sind, wird dieses Ungleichgewicht Schicht um Schicht negative Gefühle erzeugen.

Nach Bach arbeitende Heilpraktiker nennen dies einen Schneeballeffekt. Er tritt auf, wenn wir etwa entgegen unserer Natur leben oder wenn wir einen Weg wählen, der andere und schließlich auch uns selbst erschreckt. Ein andauerndes Ungleichgewicht führt zu Krankheit. Wenn Sie das Ungleichgewicht und die emotionalen Probleme behandeln, lassen sich auch die körperlichen Symptome lindern.

Die Schichten entfernen

Ziel der Behandlung ist es, die Schichten negativer Emotionen zu entfernen, bis man zum Kern des Problems gelangt, das dann gelöst werden kann. Die stärkende Kraft der Mittel hilft, die Situation im Prozess zu lösen. Bach-Therapeuten nennen dies auch „Zwiebelschälen". Schicht um Schicht wird abgelöst und die zugrunde liegenden Probleme werden Schritt für Schritt gelöst. Es handelt sich um einen Prozess der Selbsterforschung, der auch nach Psychologenmeinung sinnvoll sein kann.

Nach Dr. Edward Bach sind die Blütenmittel wie „wunderbare Musik", deren Wirkung „die Kanäle für die Aufnahme des spirituellen Selbst öffnet" und damit die positiven Gefühle, die wir alle besitzen, unterstützt und stärkt.

Stresszeichen
Das Verschränken und Ringen der Hände ist oft ein Zeichen innerer Anspannung.

BERATUNG

Nach dem Bachblütensystem ist es völlig richtig, sich selbst eine Diagnose zu stellen und sich selbst zu heilen – erfahrene Bach-Therapeuten ermuntern Sie sogar, dies zu tun. Dazu gehört, dass Sie wissen, gegen welche Beschwerden welches Mittel hilft, was vielleicht komplizierter ist, als es zunächst wirkt. Es gibt jedoch Probleme, die so komplex sein können, dass Sie selbst keine Lösung sehen. Dann ist es sinnvoll, die Hilfe eines erfahrenen Behandlers oder einer Heilpraktikerin zu suchen.

Diagnose
Für einen Bach-Behandler ist es sehr hilfreich, die Körpersprache und das, was sie ausdrücken kann, zu kennen. Dies erleichtert die Diagnose deutlich. Die Körpersprache kann etwa die innere, dem Patienten möglicherweise unbewusste Anspannung ausdrücken oder auch Dinge, die der Patient vielleicht nicht aussprechen kann. Der Körper kann in diesen Fällen helfen.

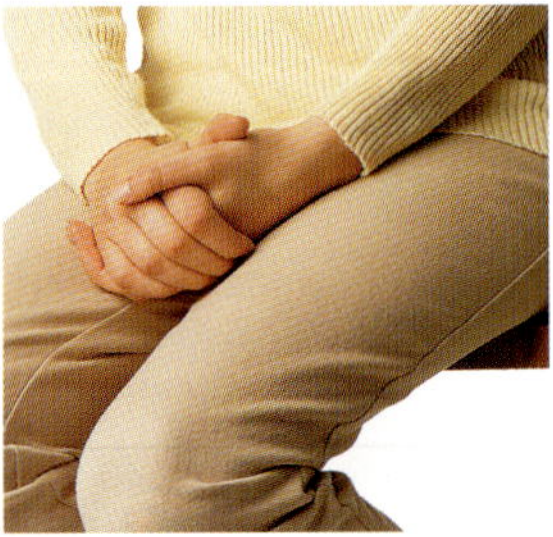

Heilpraktiker
Einen Heilpraktiker oder nach Bach arbeitende Behandler finden Sie über die Dr. Edward Bach Foundation. Die dort aufgeführten Heilpraktiker und Therapeuten arbeiten streng nach den Regeln des Bachblütensystems. Sie können sich auch in Heilpraktikerschulen, Naturheilpraxen und Apotheken in Ihrer Stadt oder über das Internet nach geeigneten Heilern erkundigen.

Beratungsgespräch
Bevor Sie ein Beratungsgespräch aufsuchen, sollten Sie sich erkundigen, was es kostet, wie lange es dauert und was es beinhaltet. Eine Erstberatung dauert gewöhnlich eine Stunde und beinhaltet ein Fläschchen mit einem auf Sie abgestimmten Blütenmittelmix. Achten Sie darauf, wie die Mittel ausgewählt werden.

Gemütsverfassung
Ihre Gedanken und Gefühle sind wichtiger als körperliche Symptome.

Vertrauen
Der Aufbau einer vertrauensvollen Beziehung zwischen Patientin und Behandlerin ist wichtig.

Zuhören ist weit wichtiger als Reden.

Diagnosen stellen

Zuhören und Sprechen sind die beiden zentralen Methoden der Bachblütentherapie, mit deren Hilfe das richtige Mittel ausgewählt wird. Der Prozess sollte immer geradlinig verlaufen, entsprechend der Einfachheit des Bachblütensystems. Zu Beginn des Beratungsgesprächs kann Ihr Behandler Sie etwa fragen, was Sie über Bachblüten wissen. Das kann zur Erläuterung des Bachblütensystems führen. Im nächsten Schritt wird versucht herauszufinden, weshalb Sie hier sind und welches Ihre Probleme sind. Sie sollten besonderen Wert auf Ihre gerade aktuellen Gefühle legen. Die Behandlung beginnt mit dem Abstreifen dessen, was Sie aktuell plagt, bis man zu den tiefer liegenden negativen Emotionen gelangt und diese behandeln kann.

Zur wichtigsten Aufgabe des Behandlers gehört das Zuhören. In der Regel sollten seine Fragen dazu dienen, Ihr Problem deutlicher und klarer zu sehen. Manchmal wird der Behandler versuchen, seine Fragen so zu stellen, dass ein Bereich angesprochen wird, der für die Diagnose und die Behandlung möglicherweise wichtig ist.

Kenntnisse
Fragen Sie Ihren Behandler nach allem, was Sie die Blütenmittel besser verstehen lässt.

Fragen und Antworten

Manche Behandler werden Sie fragen, was für Sie Stress und Depression bedeuten. Andere können Sie fragen, wie Sie sich in einer bestimmten Situation verhalten würden. Solche Fragen helfen den Behandlern dabei, zu verstehen, um welchen Persönlichkeitstyp es sich bei Ihnen handelt. Damit haben sie schon eine Vorstellung davon, welche Mittel Ihnen möglicherweise helfen könnten. Gegen Ende des Beratungsgesprächs fasst der Behandler seine Interpretation zusammen. Nach der Zusammenfassung können Sie sich dazu äußern und Ihr Behandler wird Ihnen die passenden Mittel vorschlagen. Es ist wichtig, dass Sie mit den ausgewählten Mitteln einverstanden sind. Jedes Mittel sollte Ihnen helfen, Ihre positiven Eigenschaften zum Vorschein zu bringen.

Dann wird Ihr persönliches Behandlungsfläschchen zusammengestellt oder Sie werden gebeten, in einer bestimmten Apotheke die für Sie passenden Bachblütentropfen zu kaufen.

Das ist alles, was zu einer Beratung gehört. Manche Behandler wenden auch Diagnosemethoden wie Psychometrie, Kinesiologie, Radiästhesie und Wünschelruten an. Das ist jedoch eine unnötige Mystifizierung des von Bach bewusst einfach angelegten Systems.

Dosierung

Wenn nicht anders vom Behandler empfohlen, nimmt man üblicherweise von den Bachblütentropfen mindestens vier Tropfen viermal täglich ein.

Ein Zauberstab

Rescue Remedy ist unter den Blütentropfen der „Zauberstab" für den Notfall.

EIGENDIAGNOSE

Bei der Anwendung des Bachsystems kümmern Sie sich ausschließlich um die Behandlung von emotionalen Zuständen und der Persönlichkeit. Die körperlichen Symptome spielen keine Rolle. Sie wählen die Mittel nur danach aus, wie Sie sich aktuell fühlen, nicht danach, wie Sie sich in der Vergangenheit gefühlt haben. Behandeln Sie nur das, was sich offen zeigt. Bevor Sie beginnen, eine Selbstdiagnose zu erstellen und sich selbst zu behandeln, sollten Sie in jedem Fall mit Ihrem Arzt oder Heilpraktiker reden.

Die Wahl des Mittels

Schauen Sie sich zunächst Ihre Stimmung an und vergleichen Sie diese Stimmung mit den Symptomen, bei denen die 38 Bachblüten wirken. Schreiben Sie sich die passenden Mittel auf. Sortieren Sie die Mittel, die Sie so erhalten, nach Ihrer Wichtigkeit. Vielleicht reicht ein einziges Mittel. Meist ist jedoch eine Mischung verschiedener Blütenmittel sinnvoll. In diesen Fällen wird das passende Typ-Mittel – das Ihren Charakter am besten trifft – den Stimmungsmitteln beigemischt. Wenn Sie sich anschauen, wie Sie in bestimmten Situationen reagieren, können Sie schnell erkennen, welches Charakter-Mittel zu Ihnen passt.

DIE GUTE FEE

Selbstlosigkeit

Die gute Fee ist der positive Chicory-Typ – in selbstloser Sorge um die Notlage von Aschenputtel.

DER SCHÖNE PRINZ

DIE BÖSEN SCHWESTERN

Bosheit

Um ihrer Böswilligkeit gegenüber Aschenputtel entgegenzuwirken, hätten die Stiefschwestern Holly nehmen sollen.

Panik

Rock Rose hätte vermutlich die Panik des Prinzen, seine Prinzessin nie wieder zu sehen, gemildert.

Charaktertypen

Viele Bachblüten-Lehrer haben vorgeschlagen, zentrale Figuren bekannter Märchen auf die passende Bachblüte hin zu untersuchen, um sich mit den Blüten besser vertraut zu machen. Außerdem kann man damit seine Fähigkeiten der Eigendiagnose verbessern. Aschenputtel ist beispielsweise ein ganz charakteristischer Centaury-Typ. Sie wird von ihren herrischen Schwestern ausgenutzt und kann sich scheinbar kaum gegen deren Wünsche wehren und sich verteidigen. Sie müssen sich nicht auf Märchen beschränken. Auch den Figuren eines Theaterstücks, wie beispielsweise Shakespeares *Hamlet*, kann man passende Bachblüten zuordnen.

ASCHENPUTTEL

Versklavung

Aschenputtel war der typische Centaury-Typ (ausgenützt und unfähig für sich selbst einzustehen).

Schwangerschaft

Schwangerschaft
Viele Schwangere finden Bachblüten hilfreich gegen Stress.

Sowohl eine Schwangerschaft als auch eine Geburt sind ganz natürliche Vorgänge. Es gibt in beiden Phasen Zeiten, in denen die Stimmung mehr als sonst schwanken kann. Dies ist das richtige Einsatzgebiet für Bachblüten. Die segensreichen Wirkungen sind offensichtlich – ein ruhiger und zufriedener Geisteszustand ist die beste Grundlage für eine leichte und unkomplizierte Geburt. Aber die werdende Mutter ist nicht die Einzige, die von der Behandlung profitiert. Auch dem Baby im Bauch tut es gut, wenn sie ihre negativen Stimmungen und ihr emotionales Ungleichgewicht mit Bachblüten behandelt. In der Schwangerschaft sind einige Blüten möglicherweise passender als andere. Rescue Remedy kann beispielsweise zum unverzichtbaren Begleiter werden, vor allem wenn Sie mit fortschreitender Schwangerschaft weiter arbeiten. Viele Frauen, die das Mittel in den Tagen vor der Geburt eingenommen haben, sagen, dass die Geburt nicht nur stressfreier war, sondern sie sich danach auch schneller erholt haben.

Die Mittel helfen auch den Babys. Es ist unmöglich, sie zu stark zu dosieren, und sie haben keine Nebenwirkungen. Tatsächlich reagieren kleine Kinder und Babys besser auf die Mittel als mancher Erwachsene, da sie noch nicht dazu neigen, ihre Gefühle zu verstecken oder zu unterdrücken. Der Alkoholgehalt ist mikroskopisch gering. In einem Behandlungsfläschchen mit 30 Milliliter (sechs Teelöffel) Wasser befinden sich je zwei Tropfen der gewählten Blütenessenz. Die Einzeldosierung besteht aus vier Tropfen davon.

Fallstudie

Robertas Probleme spitzten sich nach der Geburt ihrer Tochter und der Trennung von ihrem Ehemann zu. Sie litt unter extremen Stimmungsschwankungen und hatte immer wieder das Gefühl, ihren Stimmungen komplett ausgeliefert zu sein. Sie machte sich sehr große Sorgen wegen der negativen Auswirkungen der Trennung auf ihr Baby und ihre anderen Kinder.

Red Chestnut sollte ihr gegen die ständige, übergroße Sorge wegen der Auswirkung der Trennung auf das Wohlbefinden ihrer Kinder helfen.

White Chestnut sollte ihre Qual lindern und **Olive** ihr gegen die körperliche und geistige Erschöpfung helfen.

Oak sollte ihr die Energie geben weiterzukämpfen, und **Elm** sollte ihr gegen das Gefühl, überfordert zu sein, helfen und ihr Vertrauen geben. **Star of Bethlehem** schließlich wurde gegen den Schock verordnet.

Anschließend erhielt sie **Sweet Chestnut** gegen ihre Verzweiflung, **Scleranthus**, um sich besser entscheiden zu können, und **Honeysuckle**, um sich von den Fesseln der Vergangenheit befreien zu können. Nach einem Monat zeigten sich die positiven Wirkungen der verordneten Bachblüten. Roberta hatte begonnen, ihr Leben zu ordnen, sie war mit sich im Reinen und schaute wieder in die Zukunft.

LEXIKON

EIN BLÜTENVERZEICHNIS

In den folgenden Kapiteln finden Sie detaillierte Beschreibungen zu jeder Blüte, die von Edward Bach entdeckt und zum essenziellen Teil seines umfassenden Heilsystems wurde. Die Pflanzen sind seinen Vorgaben entsprechend in sieben Kategorien unterteilt. Wenn Sie Ihre eigenen Essenzen herstellen möchten, sollten Sie sicherstellen, dass die dazu genutzten Pflanzen botanisch exakt dieselben sind, wie die von Edward Bach entdeckten und verschriebenen. Ersatzpflanzen werden nicht die gleiche Wirkung haben wie die originalen Bachblüten. Aber auch bei den botanisch richtigen Pflanzen können Unterschiede in Klima und Boden die Wirkung verändern. Die Bachblüten sollten, bis auf wenige Ausnahmen, aus Großbritannien kommen.

Mittel bei Ängsten

Angst vor Unbekanntem
Es gibt unterschiedlichste Ängste. Nehmen Sie Aspen bei Angst vor Unbekanntem.

An Angst leiden alle Menschen zu verschiedenen Zeiten und in unterschiedlichem Maße. Es kann sich um konkrete Ängste, wie etwa die Angst vor den Folgen einer Verletzung oder einer Krankheit oder der Angst vor dem Verlust des Arbeitsplatzes, handeln. Es können aber auch unklare, vage Angstgefühle ohne konkreten Grund sein. Edward Bach ordnete diesen Seelenzuständen fünf Mittel zu, für jeden von ihm definierten Angst-Typ eines.

Zur Behandlung von Alltagsängsten – vor allem klar definierte, begrenzte Ängste – verordnete er Mimulus. Bei extremen Angstzuständen und Hoffnungslosigkeit empfahl er Rock Rose, als Alleinmittel oder bei Bedarf auch kombiniert mit anderen Mitteln.

Das Gefühl ändert sich nicht

Bei Angst vor Unbekanntem – also vagen, unerklärlichen und grundlosen Angstgefühlen – empfahl Edward Bach Aspen; bei Angst vor Kurzschlusshandlungen riet er zu Cherry Plum. Red Chestnut wurde denen verordnet, die es nach ihm „ schwer finden, sich nicht um andere Menschen zu sorgen". Er ging davon aus, dass Menschen, die unter dieser Form der Angst leiden, „aufgehört haben, sich um sich selbst Sorgen zu machen". Stattdessen sorgen sie sich um „jene, die sie gern haben ... wobei sie sich oft vorstellen, was ihren geliebten Menschen Schlimmes passieren könnte".

Es ist wichtig, noch einmal darauf hinzuweisen, dass die Schönheit des Bachblütensystems in seiner Einfachheit liegt. Es ist in sich schlüssig, komplett und vollständig. Wer dagegen argumentiert, dass unser Leben sich seit den Tagen Edward Bachs vollkommen geändert habe und es deshalb notwendig sei, mehr Mittel zu nutzen, hat das System völlig missverstanden.

Ganz einfach gesagt, ist Angst heute auch kein anderes Gefühl als früher. Nur die Auslöser sind andere als Mitte der 1930er Jahre. Zu Edward Bachs Zeit war es vielleicht die Angst vor einem Krieg mit Deutschland unter Hitler und Italien unter Mussolini. Heute ängstigt man sich eventuell vor Umweltverschmutzung oder gentechnisch veränderter Nahrung. Die Mittel selbst sind zeitlos, sie helfen unabhängig von den Auslösern der Angst.

Angst

Die Ängste, an denen Sie im negativen Mimulus-Zustand leiden können, scheinen zahllos.

MIMULUS

Das aus Mimulus gewonnene Mittel hilft ganz allgemein gegen alltägliche Ängste und Befürchtungen, die ganz klar identifiziert werden können. Dazu gehört etwa die Angst vor einem öffentlichen Vortrag, die Angst vor Tieren oder die Angst vor der Dunkelheit. Menschen mit Anzeichen eines negativen Mimulus-Zustandes sind tendenziell schüchtern und nervös. Sie ziehen sich eher zurück, als in Gesellschaft zu gehen. Das Mittel regt ihre innere Stärke und ihren Mut an, die sich unter einer Schicht aus Ängsten und Befürchtungen befinden. Damit sind sie in der Lage, sich ihren Ängsten zu stellen, aus ihnen zu lernen und sie zu überwinden.

Erscheinungsbild

Mimulus (Gefleckte Gauklerblume) in voller Blüte.

Informationen

Botanischer Name
Mimulus guttatus (Gefleckte Gauklerblume)

Vorkommen
Ufer von Bächen und Flüssen und andere feuchte Orte

Pflanzenbeschreibung
Die mehrjährige Pflanze wird bis zu 30 Zentimeter hoch. Sie hat rundliche, gezähnte, weiche Blätter mit einigen Adern und blüht von Frühsommer bis Spätsommer mit auffallend schönen gelben Blüten.

Zubereitung
Sonnenmethode

Anwendung
Bestimmte, identifizierbare Ängste und Befürchtungen. Menschen, die sich im negativen Mimulus-Zustand befinden, finden die Wirren des Lebens beängstigend, behalten ihre Ängste jedoch meist für sich. Sie haben oft Angst vor sozialen Kontakten und tun sehr viel, um sie zu vermeiden.

Was die Behandlung bewirken kann
Mimulus wird Ihnen helfen, sich Ihren Ängsten zu stellen und mit ihnen umzugehen, und Sie somit in die Lage versetzen, der Welt mit Gleichmut gegenüberzutreten. Es wird auch Ihr Verständnis für andere, besonders Menschen mit ähnlichen Problemen, vergrößern.

Wuchsort

Sie finden Mimulus an Gewässern oder anderen feuchten Standorten.

Das Mittel Mimulus

Befreiung
Mimulus wird Sie von bedrückenden Ängsten, Sorgen und Unruhe befreien.

Die meisten Menschen haben Angst vor irgendeinem Haustier, eine Angst, die sie gerne um jeden Preis los wären. Es kann sich dabei um eine einfache Spinnenangst handeln oder um ernsthaftere Formen einer echten Phobie. Hier hilft Ihnen Mimulus, und zwar unabhängig von Ihrem Charaktertyp – weshalb dieses Mittel von vielen Menschen genommen wird. Wir haben uns alle schon in Situationen befunden, in denen wir alles für eine Rettung gegeben hätten. Mimulus ist ein solches Rettungsmittel, als Alleinmittel oder in Kombination mit anderen gegeben. Wenn Sie ein Mimulus-Typ sind, sind Ihre Ängste wahrscheinlich extremer als bei anderen Menschen. Grundsätzlich gilt aber auch hier: es handelt sich um klare, eindeutig identifizierbare Ängste.

Unendlich viele Ängste

Eine Liste von potenziellen Mimulus-Ängsten wird endlos werden. Diese Ängste sind weit verbreitet und alltäglich. Das kann von der Angst in der Dunkelheit als Kind bis zu Angst vor dem Versagen in einer entscheidenden Prüfung gehen. Auch die Angst, mitten in der Karriere den Arbeitsplatz zu verlieren und ganz plötzlich ohne Geld dazustehen, wenn man für das Alter vorsorgen möchte, gehört zu diesen Ängsten.

Es ist eine sehr nahe liegende Versuchung, sich diesen Problemen nicht zu stellen. Aus diesem Grund weigern sich Menschen, die unter solchen Ängsten leiden, manchmal, freiwillig über ihre Ängste zu reden. Möglicherweise haben sie das Gefühl, dass andere Menschen ihre Ängste für dumm, kindisch oder sogar egoistisch halten. Deshalb versuchen sie, ihre Ängste zu verstecken, statt sich ihnen zu stellen. Das Mittel Mimulus weckt ihren inneren Mut und gibt ihnen den Glauben an sich selbst zurück.

Das Mittel hilft Ihnen, sich das Leben zurückzuerobern. Sie können Distanz zu den Dingen, die Sie ängstigen, gewinnen und diese realistischer einschätzen. Alles hängt von Ihrem Blick auf das Leben ab, und Mimulus hilft Ihnen dabei, besser zu sehen. Sie werden zu einem Menschen mit mehr Selbstvertrauen. Mimulus kann auch einen vorübergehenden emotionalen Zustand bessern. Lernen Sie aus den Ereignissen, die Ihnen im Leben widerfahren.

Der negative Zustand

Der negative **Mimulus**-Zustand ist charakterisiert durch spezifische, benennbare Ängste oder Sorgen und Zweifel.

Unglückszeichen
Im negativen Red-Chestnut-Zustand ist selbst das kleinste Missgeschick ein Zeichen für drohendes Unheil.

RED CHESTNUT

Dieses Mittel hilft Ihnen bei einer ganz besonderen Angst, bei der Sie sich, mehr als um sich selbst, in übersteigerter Weise um das Wohlergehen anderer Menschen sorgen. Auch wenn man diese Ängste für altruistische Sorge hält, sollte man sie angehen. Denn diese Art Angst kann, wenn sie sich verselbstständigt zu einer Belastung für Sie und die Menschen, um die Sie sich sorgen, werden. Das Mittel hilft Ihnen dabei, konstruktiver in Ihren Gedanken an andere Menschen zu sein. Es befähigt Sie dazu, in Notfällen ruhig zu bleiben. Damit werden Sie zu einem Menschen, der andere beruhigen und ihnen Kraft spenden kann, statt, wie Bach feststellte, „immer das Schlimmste zu befürchten und sich vorzustellen, was anderen Schlimmes passieren könnte".

Wuchsort
Die Rote Rosskastanie wächst auch in Parks. Sie ist an ihren kräftig rosaroten Blüten leicht zu erkennen.

Informationen

BOTANISCHER NAME
Aesculus carnea (Rote Rosskastanie)

VORKOMMEN
Offene Waldlandschaft

PFLANZENBESCHREIBUNG
Red Chestnut blüht vom Spätfrühling bis zum Frühsommer. Die kräftig rosaroten Blüten stehen in charakteristischen pyramidenförmigen Blütenständen.

ZUBEREITUNG
Kochmethode. Sie sollten genügend Zweige mit Blüten und jungen Blättern von so vielen Bäumen wie möglich sammeln.

ANWENDUNG
Übertriebene Besorgnis um andere. Dazu gehört das übermäßige Umsorgen und Beschützenwollen, das ausgesprochen selbstlos ist. Kinder werden möglicherweise ständig ermahnt, vorsichtig zu sein.

WAS DIE BEHANDLUNG BEWIRKEN KANN
Red Chestnut wird die Fähigkeit wiederherstellen, mehr positive als negative Gedanken und Gefühle auszustrahlen. Es wird Ihnen auch dabei helfen, bei einem eintretenden Notfall einen kühlen Kopf zu bewahren, sodass Sie ruhig und gefasst vorgehen können und in der Lage sind, die Krise sowohl geistig als auch körperlich zu meistern.

Erscheinungsbild
An seinen großen, auffallenden Blättern ist Red Chestnut gut zu erkennen.

Das Mittel Red Chestnut

Überbesorgtheit
Übertriebenes Umsorgen anderer kann den gegenteiligen Effekt auf diese haben.

Red Chestnut ist das ideale Mittel für alle, „die es schwer finden, sich nicht um andere zu sorgen". Edward Bach stellte zudem fest, dass Menschen, die an dieser Art Angst leiden, oft „aufgehört haben, sich um sich selbst Sorgen zu machen, stattdessen sorgen sie sich sehr um das Wohl derer, die sie lieben und stellen sich oft vor, welches Unglück ihnen zustoßen könnte". Es ist die Art Angst, die sich etwa darin zeigt, dass man, wenn jemand die Straße ohne Blick nach links und rechts überquert oder wenn jemand auf einer Leiter eine Sprosse verfehlt, unwillkürlich tief einatmen muss. Man stellt sich sofort vor, dass etwa ein Auto mit großer Geschwindigkeit um die Ecke rast oder aber jemand von der Leiter fällt und sich alle Knochen bricht.

Die Suche nach einem Mittel

Ein häuslicher Unfall führte Edward Bach auf die Suche nach diesem Mittel, wie Norah Weeks, Bachs engste Kollegin und viele Jahre nach seinem Tod eine der Hüterinnen seiner Lehren, berichtete. Bach erlitt beim Holzhacken mit einer Axt einen Unfall, „der große Besorgnis bei den Menschen um ihn herum hervorrief, während man erste Hilfe leistete, um das Blut zu stillen". Als er sich erholt hatte, bemerkte er, dass „wir den Seelenzustand des nächsten Mittels, das er suchen würde, erlebt haben." Aufgrund seiner natürlichen Empfindsamkeit litt er körperlich unter den Ängsten, die seine Kollegen um ihn ausstanden. Negative Gedanken dieser

Art konnten seiner Vorstellung zufolge nicht nur den betroffenen Menschen selbst, sondern auch dessen Nächste und Liebste leiden lassen.

Diese Gefühle sind durchaus nachvollziehbar. Es ist natürlich, dass Sie sich sorgen, wenn etwa Ihre Kinder zum ersten Mal von zu Hause weggehen oder wenn sich Ihr Partner auf einer Auslandsreise befindet und längere Zeit nicht gemeldet hat. Wenn sich solche Gefühle verselbstständigen und Sie sich immer nur das Schlimmste vorstellen können, leiden Sie. Das ständige Verrücktmachen kann kontraproduktiv sein. Gerade in der Kindererziehung kann übergroße Besorgtheit das Vertrauen der Kinder in sich selbst zerstören.

Der negative Red-Chestnut-Zustand ist meist vorübergehend. Das Mittel bringt die Dinge schnell ins Lot. Es gibt aber auch wenige echte Red-Chestnut-Typen.

Der negative Zustand

Der negative **Red-Chestnut**-Zustand ist durch übermäßige Besorgnis um andere gekennzeichnet.

Befürchtungen
Aspen hilft, die in der psychologischen Fachsprache so genannten unbestimmten Ängste zu bewältigen, die grundlos auftauchen.

ASPEN

Anders als Mimulus, das gegen definierbare Ängste wirkt, ist Aspen das richtige Mittel, wenn man, wie Edward Bach es beschrieb, unter „vagen, unbekannten Ängsten" leidet, für die es keinen erklärbaren Grund gibt. In der modernen Psychologie wird diese Angst als frei flottierende Angst bezeichnet, die sich im Extremfall bis zu Panikattacken und Angstzuständen steigern kann. Zu den körperlichen Symptomen dieser Angst gehören plötzliche Schweißausbrüche, Zittern und Gänsehaut, Alpträume und Schlaflosigkeit. Möglicherweise leiden Sie auch unter grundlosen Panikanfällen, die Sie ohne Vorwarnung ganz plötzlich und aus heiterem Himmel überfallen können. Das Mittel stärkt Ihre Fähigkeit, an sich selbst zu glauben, und hilft Ihnen dabei, Angst und Sorge mit wachsendem Selbstvertrauen alllmählich zu verlieren.

Sammeln
Aspen wird vor dem Aufbrechen der Blattknospen gesammelt.

Informationen

Botanischer Name
Populus tremula (Espe, Zitterpappel)

Vorkommen
Waldlandschaft

Pflanzenbeschreibung
Die Zitterpappel mit ihren in der leichtesten Brise flatternden Blättern ist ein schlanker Baum, der bis zu 24 Meter hoch wird. Ihre weiblichen oder männlichen Blütenkätzchen erscheinen zwischen Frühlingsanfang und -mitte noch vor den Blättern. Diese sind dunkelgrün, fast kreisförmig und zu Beginn flaumig.

Zubereitung
Kochmethode. Sammeln Sie die Zweige mit Blütenkätzchen und jungen Blattknospen, noch bevor die Blattknospen aufbrechen.

Anwendung
Vage, unbegründete Ängste, plötzliche Panikattacken ohne ersichtlichen Grund und Alpträume, die sich nicht sinnvoll interpretieren lassen.

Was die Behandlung bewirken kann
Die Einnahme von Aspen hilft Ihnen, Gefühle von Angst und Vorahnung zu vermindern. Im gleichen Maße, wie Sie gewahr werden, dass es Bedeutenderes und Positiveres gibt, dem man sich zuwenden kann, wächst auch Ihre Zuversicht. Aspen stärkt auch den Realitätssinn.

Zartheit
Die Blätter und Stiele der Espe sind so zart, dass sie beim leisesten Windhauch erzittern.

Das Mittel Aspen

Mut

Aspen wird Ihnen den Mut verleihen, sich der Angst vor dem Unbekannten zu stellen.

Aspen-Ängste sind besonders fürchterlich, da sie laut Definition nicht konkret sind. Allen gemeinsam ist die Tatsache, dass sie ohne äußeren Grund auftreten. In schwierigen Fällen kann sich das Problem zu einem wahren Teufelskreis auswachsen, dem man kaum zu entrinnen scheint.

Ein ernster Zustand

Edward Bach erkannte den Ernst dieses Zustands sehr schnell. Er schrieb, dass konkrete Ängste „nichts sind im Vergleich zu einer unbekannten Seelenangst, die sich wie eine Wolke über einen senkt und Angst, Schrecken, Sorge und sogar Panik über einen bringt, ohne jeden äußeren Grund". Die Aspen-Angst kann zusammen mit der Panik, die im negativen Rock-Rose-Zustand zu finden ist, auftreten. Deshalb werden diese beiden Mittel teilweise zusammen gegeben, vor allem, wenn der Leidensdruck sehr hoch ist.

Für Aspen-Menschen ist jede Situation voller versteckter Fallstricke. Es ist, als hätten sie eine Art unbewusster Antennen für potenzielle Gefahren, die sie auf entsprechende Situationen schon im Vorfeld reagieren lässt. Anders als im negativen Mimulus-Zustand sind Aspen-Ängste nicht konkret und benennbar und stellen damit ein größeres Problem dar. Es ist grundsätzlich schwerer mit dem Unbekannten umzugehen als mit dem Bekannten.

Menschen, die an Aspen-Ängsten leiden, scheuen sich oft, über ihre Probleme zu sprechen. Da sie die Gründe für ihre Angst nicht benennen können, befürchten sie, dass man sie für Spinner hält, die sich ihre Ängste nur einbilden.

Wenn dies passiert, fühlen sie sich natürlich noch schlechter als zuvor.

Vor Angst zittern

Die Angst kann so ausgeprägt sein, dass man am ganzen Körper zittert. Auch nervöse Ticks können sich entwickeln. Dazu kommen Schweißausbrüche und ein flauer Magen. Eine erfolgreiche Behandlung mit der Bachblüte Aspen kann jedoch zu einer völligen Transformierung führen.

Das Mittel bewirkt eine Stärkung des Selbstvertrauens und des Selbstbewusstseins. Es zeigt Ihnen, dass das Leben lebenswert ist, und vermittelt darüber hinaus ein Bewusstsein für das, was Bach das „höhere innere Selbst in uns" genannt hat, „das die Macht hat, alle Ängste, Schwierigkeiten, Sorgen und Krankheiten zu überwinden" und die „göttliche Liebe" zu erkennen.

Der negative Zustand

Im negativen **Aspen**-Zustand quälen vage, grundlose Ängste, deren Herkunft unklar ist, das Gemüt.

Extreme Angst
Ängste, die auf Rock Rose ansprechen, können so stark sein, dass sie lähmend wirken.

ROCK ROSE

Manchmal können Ängste so eskalieren, dass man völlig unfähig ist, damit umzugehen. Man fühlt sich möglicherweise völlig gelähmt vor Angst. Mit der Einnahme von Rock Rose stärkt man seine Willenskraft und kann der Angst ins Gesicht sehen und um das kämpfen, was Edward Bach „mentale Freiheit" genannt hat. Das Mittel kann helfen, wenn Sie Zeuge eines Unfalls oder sogar Opfer eines Unfalls werden und dabei unter heftigen, überwältigenden Angstgefühlen leiden, die keinen klaren Gedanken und kein rationales Handeln zulassen. Rock Rose ist eine der wichtigsten Zutaten der Notfalltropfen Rescue Remedy. Edward Bach empfahl Rock Rose „in Notfällen oder bei Gefahr", falls notwendig, zusammen mit anderen Mitteln.

Wuchsort
Rock Rose ist ein verbreiteter Strauch, der auf kalkigem Boden wächst.

Informationen

Botanischer Name
Helianthemum nummularium (Gelbes Sonnenröschen)

Vorkommen
Kalkige, steinige Böden

Pflanzenbeschreibung
Eine niedrige, weit verbreitete, ausdauernde Pflanze mit kleinen, leuchtendgelben Blüten, die nach und nach vom Frühsommer bis zum Frühherbst blühen. Es sind meist nur ein oder zwei Blüten jeweils gleichzeitig geöffnet, die unteren vor den oberen. Die Zeit der vollen Blüte ist relativ kurz. Gegen Ende der Blütezeit beginnen sich die Blütenstängel nach unten zu neigen.

Zubereitung
Sonnenmethode. Achten Sie darauf, nur die Wildform von Rock Rose zu verwenden, nicht eine der unterschiedlichst gefärbten Kulturformen, die man in Steingärten findet.

Anwendung
Extreme Angst, Entsetzen, Panik. Dies muss nicht immer rational begründet sein, ist aber trotzdem sehr real. Auch bei wiederkehrenden schweren Träumen, Alpträumen und Halluzinationen oder Auftauchen plötzlich überwältigender Ängste angesichts von Unfällen oder Notlagen.

Was die Behandlung bewirken kann
Rock Rose wurde von Edward Bach als das „Heilmittel für Notfälle" beschrieben und es führt rasch zu positiven Ergebnissen. Es befreit Sie von Ihren Ängsten, indem es Ihre Nervenkraft und die inneren Mutreserven, die Sie normalerweise besitzen, stärkt. Es fördert einen Umschwung der Gemütsverfassung vom extrem negativen zum sehr positiven Zustand.

Blüte
Wenn sich der Blütenstängel nach unten neigt, ist die Blütezeit fast vorbei.

Das Mittel Rock Rose

Panikattacken
Rock Rose mildert die Panikattacken, die durch tief sitzende Angst ausgelöst werden.

Rock Rose fördert Ihre inneren Reserven an Mut und Standhaftigkeit, weshalb Edward Bach dieses Mittel bei allen „Notfällen" empfahl. Er machte es später zu einer der wichtigsten Zutaten seines Notfallmittels Rescue Remedy (siehe S. 214–217). Aber auch als Alleinmittel, schrieb er, „brachte es in vielen alarmierenden Fällen innerhalb von wenigen Minuten oder Stunden nach der Einnahme Besserung." Geben Sie zwei Tropfen Rock Rose in ein Glas Wasser oder auf die Zunge. Wenn Sie sich in einem negativen Rock-Rose-Zustand befinden, kann die Notsituation für Sie sehr real sein, selbst wenn ein außenstehender Beobachter die entsprechenden Umstände für gar nicht so lebensbedrohlich oder erschreckend hält, wie Sie sie empfinden.

Sich dem Problem stellen

Sie fühlen sich wie unter einer Belagerung und es gibt keine Aussicht auf eine befreiende Armee, die Sie retten könnte. Es ist, als ob alles, was Ihnen geschieht, Sie komplett aus der Bahn würfe. Die Ängste selbst können sich anfühlen wie ein plötzlicher Schlag in den Magen. Sie scheinen ihnen weder entkommen noch sie auflösen zu können. Es ist Ihnen unmöglich, mit den schrecklichen Dingen, denen Sie sich ausgeliefert sehen, fertig zu werden.

Glücklicherweise sind Situationen, die extreme Rock-Rose-Ängste verursachen, zeitlich begrenzt. Das gilt vor allem für Kinder, die schlecht träumen. Ein paar Tropfen Rock Rose können ihnen schon helfen. Es gibt glücklicherweise auch keinen Rock-Rose-Typ. Das Mittel ist ein reines Stimmungsmittel. Es rückt die Dinge schnell wieder ins rechte Lot, sodass Sie sich mit dem Problem hinter der Rock-Rose-Angst beschäftigen können.

Edward Bach empfahl das Mittel auch, „wenn die Umstände so ernst sind, dass sie bei den Menschen in ihrer Nähe große Angst erzeugen". Das Mittel sollte in jeder Situation Besserung bringen. Indem es Ihre inneren Mutreserven aktiviert, gibt es Ihnen die Kraft, über Ihre Ängste hinauszuwachsen und angemessen mit ihnen umzugehen. Denken Sie an Edward Bachs Worte: „Von einem Menschen voller Angst und Panik werden Sie zu einem Bild der Ruhe und des ernsten Mutes."

Der negative Zustand

Der negative **Rock-Rose**-Zustand ist durch überwältigende Ängste und Entsetzen, die lebensbedrohlich wirken, charakterisiert.

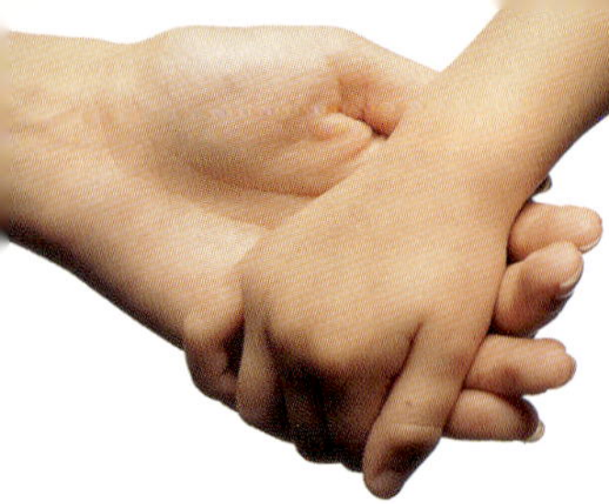

Kontrollverlust

Cherry Plum nimmt diejenigen an die Hand, die Angst haben, die Kontrolle über sich zu verlieren.

CHERRY PLUM

Für Menschen, die befürchten, die Kontrolle über sich zu verlieren und dabei sich selbst und auch anderen zu schaden, ist Cherry Plum das geeignete Mittel. Man sollte es nehmen, wenn man das Gefühl hat, im eigenen Innern ticke eine Bombe, die jederzeit explodieren und einen dazu bringen könne, gegen den eigenen Willen etwas Schreckliches zu tun. Man befürchtet, zum Sklaven der durch übergroßen Stress verursachten destruktiven Gefühle zu werden, obwohl man sich der Gefahr sehr bewusst ist, die darin liegt, diesen Gefühlen nachzugeben. Das Mittel entschärft die Situation und lindert die traumatischen Gefühle, die damit einhergehen können. Es gibt Ihnen den Mut, die Krise zu meistern, indem Sie die zugrunde liegenden Probleme erforschen und lösen.

Sammeln

Cherry Plum blüht im frühen Frühling. Die Blüten sollten vor dem Erscheinen der Blätter gesammelt werden.

Informationen

BOTANISCHER NAME
Prunus cerasifera (Kirschpflaume)

VORKOMMEN
Heckenreihen. Oft auch als Windschutz angepflanzt.

PFLANZENBESCHREIBUNG
Cherry Plum wird 3–4 Meter hoch. Die jungen Zweige sind in der Regel dornenlos. Die Blütezeit dauert von Ende des Winters bis zur Frühlingsmitte. Die reinweißen Blüten stehen meist einzeln, können aber auch zu zweit oder zu dritt stehen. Oft bilden sich dichte Büschel an spornähnlichen Zweigen.

ZUBEREITUNG
Kochmethode. Pflücken Sie die blühenden Zweige – etwa 15 Zentimeter lang.

ANWENDUNG
Angst, die Kontrolle über die eigenen Handlungen zu verlieren, Angst vor den Folgen, Angst, sich selbst und anderen zu schaden, Selbstmordgedanken. Mangel an geistiger Kontrolle mit Wutanfällen, Gewaltausbrüchen oder Hysterie.

WAS DIE BEHANDLUNG BEWIRKEN KANN
Cherry Plum hilft Ihnen, Ihren inneren Frieden und Ihre Gemütsruhe wieder zu finden. Es reduziert die für den negativen Cherry-Plum-Zustand charakteristische geistige Anspannung. Dadurch werden Sie einen Grundzustand erreichen, in dem Sie ein Mindestmaß an Kontrolle über die Gefühle, Zwänge und Ausbrüche haben, die sie beunruhigen.

Erscheinungsbild

Die Zweige sind schlank und mit Dornen besetzt.

Das Mittel Cherry Plum

Kontrolle
Cherry Plum hilft, sich von negativen Gedanken zu befreien.

Cherry Plum ist das von Edward Bach empfohlene Mittel gegen die Angst, den Verstand und die Selbstbeherrschung zu verlieren. Es handelt sich um einen extremen seelischen Zustand. Sie fühlen sich möglicherweise wie kurz vor einem völligen Nervenzusammenbruch.

Sie fühlen sich dabei, als ob Sie die zerstörerischen Energien, die in Ihrem Innern wüten, mental und körperlich spüren können: Ihre Unfähigkeit, damit umzugehen, lässt Sie befürchten, dass Sie sich selbst oder sogar andere verletzen könnten. Das Gefühl, in einem so schrecklichen emotionalen Zustand gefangen zu sein, löst eine Depression aus. In ihrer Verzweiflung denken manche Menschen sogar daran, dieser durch Selbstmord zu entfliehen. Es scheint für sie keinen Weg aus der Verzweiflung heraus zu geben. Ohne Hilfe könnten Sie Angst bekommen, dass Sie sich umbringen.

Den Kampf aufgeben

Die Angst kann spirituell und mental so stark werden, dass Sie an einen Punkt gelangen, an dem Sie den ungleichen Kampf gegen die starken destruktiven Kräfte, die scheinbar immer mehr Macht über Sie erlangen, nur noch aufgeben möchten. In diesem Zustand nimmt das Angstgefühl zu. Jeder Versuch, Ihre Angst zu unterdrücken, scheint zu scheitern. Dazu kommt die Angst vor dem Ausbruch der unterdrückten Wut.

Als Vater oder Mutter könnten Sie befürchten, dass Sie möglicherweise Ihre Kinder schlagen. Man hat den Wunsch, einfach um sich zu schlagen, auch wenn dies geliebte Menschen trifft, ohne an die Folgen zu denken. Selbst wenn es bei Ihnen noch nicht so weit gekommen ist, das Mittel hilft Ihnen auf jeden Fall, sich aus dem Loch, in das Sie gefallen sind, selbst wieder herauszuhelfen. Das Mittel Cherry Plum vertreibt nach Edward Bach „alle falschen Vorstellungen" und verleiht den Leidenden „mentale Stärke und Vertrauen". Nun kann man die positive Seite der Krise erkennen. Sie lässt Sie lernen und sich weiterentwickeln.

Das Mittel hilft, sich Ihren schlimmsten Alpträumen zu stellen und mit allen negativen Gefühlen umzugehen, für die Ihre Ängste stehen. Sie werden feststellen, dass Sie mit einem starken geistigen Kraftreservoir verbunden sind, das Ihnen beim Lösen Ihrer Probleme hilft. Indem Sie Ihre Gefühle erforschen, lernen Sie mit den Dingen umzugehen, die Ihre Ängste ausgelöst haben.

Der negative Zustand

Der negative **Cherry-Plum**-Zustand ist durch die Angst vor dem Verlust des Verstands und der Selbstbeherrschung gekennzeichnet.

WILD ROSE

DIE MITTEL IN DER PRAXIS

Edward Bach glaubte, dass die von ihm entdeckte fantastische Pflanzenmedizin frei erhältlich sein sollte, damit möglichst viele Menschen davon profitierten. Er war ein Verfechter der Eigentherapie: Der erfolgreiche Bach-Behandler hat keine Patienten – alle sind im Besitz der Ausstattung, mit der sie sich selbst behandeln können. Die Fallbeispiele zeigen Ihnen die Bachblütentherapie in der Praxis.

Fallstudie

Die kleine Harriet machte ihre Mutter mit ihrem untröstlichen Weinen und Schreien verrückt. Sie schrie fast andauernd – so viel, dass Mutter und Kind nachts nicht mehr als ein oder zwei Stunden Schlaf fanden.

Harriet und ihrer Mutter wurde **Olive** verordnet, um ihnen zu helfen, mit ihrer Erschöpfung fertig zu werden. Zusätzlich wurde Harriet noch **Impatiens** und **Cherry Plum** verordnet.

Innerhalb einer Woche nach Einnahme der Mittel hatte Harriet ein regelmäßiges Schlafmuster gefunden und mit dem Schreien ganz aufgehört, sie weinte nur noch gelegentlich.

Fallstudie

Cathy war bei der Arbeit angespannt und ängstlich; sie sah nervös aus, obwohl sie versuchte zu lächeln. Sie fühlte sich ständig unter Druck, körperlich erschöpft und unfähig mit den Dingen fertig zu werden. Bei ihr wurde eine klinische Depression diagnostiziert. Die Angst, einen Termin nicht einhalten zu können, war groß, es fiel ihr jedoch schwer motiviert zu bleiben.

Als Persönlichkeitsmittel wurde Cathy **Agrimony** verschrieben, ergänzt durch **Elm**, um die Verantwortung besser zu tragen, **White Chestnut**, um die Gedanken zu beruhigen, Mustard gegen die Depressionen, **Larch** wegen der fehlenden Zuversicht und **Olive** gegen die körperliche Erschöpfung. Auch **Rescue Remedy** und **Clematis** wurden empfohlen. Nach nur einer Woche war bereits eine Veränderung eingetreten. Cathy war zuversichtlich und hatte neue Energie.

Fallstudie

Peter, ein ungeduldiger, energiegeladener, sich schnell bewegender Geschäftsmann, begann sich über häufige Kopfschmerzen und ständige Erkältungen, die er sich von seinen Arbeitskollegen zuzog, zu beklagen. Er arbeitete gerne lang, fühlte sich jedoch unter hohem Druck.

Peter schien der **Impatiens**-Typ zu sein, also wurde ihm dieses Mittel verordnet, um ruhiger und entspannter zu werden. Er benötigte **Oak**, um sich selbst nicht mehr so stark zu fordern.

Gegen die Tendenz, anderen seinen Willen aufzuzwingen, wurde ihm **Vine** verschrieben, das ihn ermutigen würde, stattdessen auf seine natürlichen Führungsfähigkeiten zu vertrauen.

Als Stärkungsmittel wurde schließlich noch zusätzlich **Olive** gegeben.

Mittel bei Unsicherheit

Entschlossenheit
Hornbeam bekämpft geistige Ermüdung, Sie können wieder arbeiten.

Phasen der Unsicherheit oder der fehlenden Entschlussfreudigkeit kennt jeder Mensch. Selbst Edward Bach erlebte Erzählungen zufolge solche Phasen auf seiner Suche nach den Bachblüten. Er entdeckte insgesamt sechs verschiedene Mittel, die der Unsicherheit zugeordnet werden konnten.

Cerato hilft beispielsweise, wenn man aufgrund eines geringen Selbstbewusstseins an seinen eigenen Entscheidungen zweifelt. Im schlimmsten Fall ist es einem unmöglich, für sich und seine Meinung einzustehen. Stattdessen sucht man permanent den Rat anderer Menschen. Diese sollen einem sagen, was man tun und lassen soll und ob man richtig handelt. Scleranthus dagegen ist das richtige Mittel, wenn man sich überhaupt nicht entscheiden kann. Es hilft Ihnen, aktiv gegen die Unschlüssigkeit vorzugehen, die Sie beherrscht und die Sprunghaftigkeit und die Unausgeglichenheit hinter sich zu lassen. Sie werden in der Lage sein, endlich Entscheidungen zu treffen und sich auch daran zu halten.

Mit Entmutigung umgehen

Gentian hilft Ihnen, mit Gefühlen der Verzweiflung, Entmutigung und des Rückschlags umzugehen. Es verleiht Ihnen den Mut und das Vertrauen, das Sie benötigen, um es noch einmal zu versuchen. Wenn die negativen Gefühle jedoch unüberwindbar erscheinen, dann ist Gorse das Mittel der Wahl. Es hilft Ihnen, das Gefühl der Verzweiflung und Hoffnungslosigkeit, das droht, Sie völlig zu lähmen, aufzulösen. Dieser Zustand kann mit dem negativen Wild-Rose-Zustand verwechselt werden.

Im Unterschied zum negativen Wild-Rose-Zustand können Gorse-Menschen jedoch immerhin dazu bewegt werden, etwas Neues zu versuchen, während Wild-Rose-Typen völlig apathisch sind.

Hornbeam hilft, wenn es Ihnen schwer fällt, sich an die Arbeit zu machen. Wild Oat dagegen hilft Ihnen, wenn Sie von dem, was Sie tun, frustriert sind, wenn Sie das sichere Gefühl haben, dass Sie selbst bei äußerem Erfolg nicht das tun, wozu Sie tatsächlich in diesem Leben berufen sind. Das Mittel hilft gegen die natürliche Unsicherheit, die bei einer so grundsätzlichen Entscheidung entsteht. Es verleiht Ihnen die Fähigkeit, die Dinge klarer und im richtigen Licht zu sehen.

Zustimmung
Menschen im negativen Cerato-Zustand neigen dazu, andere ständig um Zustimmung und Rat zu bitten, statt eigene Entscheidungen zu treffen.

CERATO

Cerato ist sicher die seltsamste unter den Bachblüten. Das Mittel wird als einziges Bachblütenmittel aus einer kultivierten Gartenpflanze gewonnen. Die Pflanze, die in gemäßigtem Klima nicht wild vorkommt, muss im Winter vor Frost geschützt werden. Cerato hilft Ihnen, wenn Sie an Ihren Entscheidungen zweifeln und vor jeder Entscheidung stets die Beratung anderer Menschen benötigen, da Sie davon ausgehen, dass diese alles besser wissen. Das heißt, dass Sie Ihren Freunden und Ihrer Familie in einem solchen Zustand ziemlich auf die Nerven gehen können, weil Sie ständig Rat und Zustimmung benötigen. Das Mittel verleiht Ihnen Selbstvertrauen und Sicherheit bei Ihren Entscheidungen.

Herkunft
Cerato, eine buschige Pflanze, stammt ursprünglich aus dem Himalaya.

Informationen

Botanischer Name
Ceratostigma willmottiana (Bleiwurz)

Vorkommen
Gartenpflanze. Cerato wächst nicht wild und muss in der nördlichen Hemisphäre im Winter vor Frost geschützt werden.

Pflanzenbeschreibung
Cerato ist ein strauchartiger Busch mit leuchtend blauen Röhrenblüten, die eng in endständigen Köpfen sitzen. Die Blüten öffnen sich nach und nach. Die Blätter sind stängellos und beidseitig behaart. Die im Blattwinkel sitzenden Stiele sind in der Jugend manchmal rötlich.

Zubereitung
Sonnenmethode. Pflücken Sie die einzelnen Blüten direkt unterhalb des Kelches.

Anwendung
Misstrauen gegenüber der eigenen Urteilsfähigkeit, ständig fehlendes Vertrauen in die eigenen Entscheidungen; braucht die Zustimmung von anderen und fragt ständig um Rat; Unsicherheit, Wankelmut und wechselnde Ansichten.

Was die Behandlung bewirken kann
Cerato wird Sie zuversichtlicher machen, sodass Sie beginnen, Ihrer Intuition zu vertrauen und zu Ihren Entscheidungen zu stehen.

Blüten
Die Blüten am endständigen Köpfchen öffnen sich nach und nach.

Das Mittel Cerato

Entfremdung
Ihre Forderung an andere, Ihnen bei Ihren Entscheidungen zu helfen, kann zur Entfremdung führen.

Als Cerato-Typ leidet man unter Zweifeln an der eigenen Urteilsfähigkeit. Man stellt seine Entscheidungen grundsätzlich in Frage. Aus diesem Grund sucht man permanent Rat bei anderen, was diese sehr stören kann, da die Erwartungen an deren Rat immer größer werden. Außerdem ist es möglich, dass man sich so sehr auf den Rat anderer verlässt, dass man falsche Entscheidungen trifft.

Wenn Sie dieses Mittel benötigen, wissen Sie eigentlich sehr gut selbst, was Sie brauchen. Trotzdem tauchen Zweifel auf, sobald Sie versuchen, etwas in die Tat umzusetzen, und Sie brauchen erneut Bestätigung von außen. Obwohl Sie wissen, was Sie wollen, haben Sie kein Vertrauen in sich und glauben, dass andere bessere Entscheidungen treffen.

Weisheit gewinnen

An dieser Stelle ist Cerato das richtige Mittel. Die Einnahme von Cerato hilft Ihnen nicht nur, sich angemessen zu entscheiden, es stärkt auch Ihr Selbstvertrauen. Damit haben Sie den Mut und das Vertrauen in Ihre Urteilsfähigkeit wiedergewonnen und Sie können Ihre Entschlüsse in die Praxis umsetzen.

Ohne dieses Mittel werden Sie möglicherweise weiter an Ihrer Intuition zweifeln und, statt Ihr Beachtung zu schenken, sich immer stärker auf den Rat Außenstehender verlassen, die für Sie entscheiden und urteilen sollen. Gleichzeitig bedeutet es aber auch, dass alle Tipps und Ratschläge, die Sie ohne Zeifel von anderen erhalten, eigentlich verschenkt sind, da Sie im negativen Cerato-Zustand nicht in der Lage sind, daraus zu lernen oder sich davon leiten zu lassen.

Das Selbstvertrauen erneuern

Um den Mangel an Selbstvertrauen aufzuheben, der diesem Zustand zugrunde liegt, fördert Cerato das Zulassen der inneren Stimme, die Sie so lange unterdrückt haben. Je mehr Sie Ihrer inneren Stimme und dem, was sie Ihnen mitzuteilen hat, vertrauen, desto besser führt Sie Ihre Intuition zu der für Sie richtigen Entscheidung. Der Durchbruch ist in dem Moment erreicht, in dem Sie feststellen, dass Sie die Kraft haben,. schnelle Entscheidungen mit einer nie zuvor gekannten Sicherheit zu treffen. Statt leichtgäubig oder dumm erscheinen Sie plötzlich begeistert, neugierig und lernbegierig.

Der negative Zustand

Im negativen **Cerato**-Zustand mangelt es an Vertrauen in eigene Entscheidungen und die eigene Urteilsfähigkeit.

Balanceakt
Die Einnahme von Scleranthus wird Ihre Unschlüssigkeit beenden und Ihnen helfen, die Dinge auf den Punkt zu bringen.

SCLERANTHUS

Wenn Sie an einer chronischen Unfähigkeit, überhaupt eine Entscheidung zu treffen, leiden, egal wie nebensächlich diese sein mag, ist wahrscheinlich Scleranthus das richtige Mittel für Sie. Es lindert nicht nur das möglicherweise schmerzliche Gefühl, es wird Ihnen auch helfen, sich zu konzentrieren, sodass Sie Ihre Möglichkeiten klarer sehen können und entschlossener werden. Es kann Ihnen auch bei extremen Stimmungsschwankungen und emotionaler Unausgeglichenheit helfen. Im Endergebnis werden Sie dank Ihrer neu gewonnenen Entschlossenheit und Ihrem Glauben an Ihre Fähigkeit, Ihren Entscheidungen zu vertrauen und diese auch umzusetzen, eine unschätzbare innere Balance und einen ruhigen und ausgeglichenen Geist erreichen.

Erscheinungsbild
Scleranthus ist klein und buschig, mit winzigen nadelförmigen Blättern.

Informationen

BOTANISCHER NAME
Scleranthus annuus (Einjähriges Knäuel)

VORKOMMEN
Sandige und kiesige Böden

PFLANZENBESCHREIBUNG
Scleranthus ist eine einjährige Pflanze mit blassgrünen oder dunkelgrünen Blüten. Sie sind kaum zu sehen, da sie sich ihrem Hintergrund perfekt anpassen. Scleranthus blüht vom Hochsommer bis zum Frühherbst, es wächst in Gruppen. Die Blüten sitzen in den Gabelungen der Stiele oder in endständigen Büscheln.

ZUBEREITUNG
Sonnenmethode

ANWENDUNG
Unfähig, Entscheidungen zu treffen und dem eigenen Urteil zu vertrauen; Schwanken zwischen zwei Möglichkeiten, Unsicherheit, extreme Stimmungsschwankungen, Grashüpfermentalität.

WAS DIE BEHANDLUNG BEWIRKEN KANN
Scleranthus fördert die Entschlusskraft. Es versetzt Sie in die Lage, diese Art von Unsicherheit zu beenden, sowie besonnen und präzise eine Wahl zu treffen oder ein Urteil zu fällen. Als Resultat der Einnahme verbessern sich Ihre Konzentrations- und Entscheidungsfähigkeit und dadurch werden Sie geistig flexibler und gewandter.

Farbvariationen
Die Blütenfarbe variiert abhängig vom Boden, auf dem Scleranthus wächst.

Das Mittel Scleranthus

Unschlüssigkeit
Scleranthus kann dabei helfen, Ihre Unschlüssigkeit zu beenden.

Scleranthus ist nach Edward Bach das Mittel, das jenen am meisten hilft, „denen es schwer fällt, sich zu entscheiden und sich darüber klar zu werden, was sie wollen. Sie probieren zunächst dieses, dann jenes aus. Sie haben das Gefühl, zwei oder drei Dinge gleichzeitig zu wollen, und können sich für keines entscheiden." Vor eine Wahl gestellt, wissen Scleranthus-Typen nicht, was sie tun sollen. Typisch für solche Persönlichkeiten sind ständig wechselnde Ansichten. Wenn diese Unfähigkeit, sich zu entscheiden, über einen längeren Zeitraum anhält, ziehen diese Menschen sich allmählich in sich selbst zurück und unterdrücken ihre Probleme. Sie versuchen die Probleme mit sich selbst zu klären, statt sich wie Cerato-Typen von anderen bei der Entscheidung beraten zu lassen.

Scleranthus hilft jedoch nicht nur gegen die Unfähigkeit sich zu entscheiden. Es hilft auch gegen die für solche Persönlichkeiten typischen körperlichen Begleiterscheinungen, die ständig wechseln, ähnlich den Wünschen und Begierden des Betroffenen. Wenn ein Scleranthus-Typ beispielsweise Fieber hat, wird dieses ohne erkennbares Muster ständig steigen und fallen.

Stimmungsschwankungen

Für Scleranthus-Menschen sind außerdem rasche Stimmungsschwankungen sehr typisch – in einem Moment fröhlich, im nächsten traurig. In Gesprächen neigen sie dazu, von einem Thema zum nächsten zu springen. Ein Mann, der sich in einem Restaurant nicht für ein Menü entscheiden kann, oder eine Frau, die sich nicht zwischen zwei

Freunden entscheiden kann, sind klassische Scleranthus-Fälle. Menschen, die Scleranthus benötigen, neigen auch dazu, mehrmals täglich ihre Kleidung zu wechseln.

Kombinierte Mittel

Genau wie bei allen anderen von Edward Bach entdeckten Mitteln, kann es auch bei Scleranthus angebracht sein, das Mittel mit anderen zu kombinieren. Wenn Sie meinen, dass zusätzlich andere Probleme vorliegen, müssen Sie diese identifizieren und die richtigen Mittel bestimmen. Vergessen Sie dabei aber nicht, dass Sie stets den aktuellen Seelenzustand behandeln müssen und nicht die Vergangenheit. Die Kombination verschiedener Mittel zur Lösung verschiedener Probleme sollte also äußerst gründlich bedacht werden.

Der negative Zustand

Der negative **Scleranthus**-Zustand ist durch Unschlüssigkeit und die Unfähigkeit, eine Entscheidung zu treffen, gekennzeichnet.

Hindernislauf

Gentian hilft Ihnen bei Zweifel und Mutlosigkeit und der Überwindung aller Hindernisse auf Ihrem Weg.

GENTIAN

Wenn man sich leicht entmutigen und aus dem Takt bringen lässt und das Gefühl hat, dass selbst die kleinste Kleinigkeit sich gegen einen richtet, dann sollte man Gentian nehmen. Im Unterschied zu Mustard, das von Edward Bach ebenfalls als Stimmungsaufheller empfohlen wurde, rührt bei einem negativen Gentian-Zustand die gedrückte Stimmung eher aus bekannten Ursachen. Man überlässt sich schnell einer pessimistischen Verzweiflung und verzichtet rasch auf etwas, selbst auf die eigentlich verdiente Anerkennung für eine gut gemachte Arbeit. Das Mittel hilft, die negative geistige Haltung aufzulösen, die Sie blockiert, und verleiht Ihnen die Kraft, auszuhalten und Ihre Ziele nicht aus den Augen zu verlieren.

Wuchsort

Gentian wächst an trockenen Berghängen.

Informationen

BOTANISCHER NAME
Gentiana amarella (Bitterer Enzian)

VORKOMMEN
Trockene Bergweiden, Klippen und Dünen

PFLANZENBESCHREIBUNG
Die zweijährige Pflanze wird etwa 20 Zentimeter hoch. Ihre tief purpurblauen Blüten, die entweder einzeln oder in Büscheln auf aufrechten Stängeln in den Blattachseln sitzen, blühen vom Spätsommer bis zur Herbstmitte. Die Blätter sind dunkelgrün mit drei hervortretenden Blattadern.

ZUBEREITUNG
Sonnenmethode. Pflücken Sie die Blüte unterhalb des Kelches.

ANWENDUNG
Selbst durch kleinste Rückschritte oder Fehler leicht zu entmutigen, Unsicherheit aufgrund fehlenden Vertrauens und fehlender Zuversicht.

WAS DIE BEHANDLUNG BEWIRKEN KANN
Gentian fördert eine optimistische Einstellung und versetzt Sie in die Lage, sich von Erlebnissen aus Ihrer Vergangenheit oder von vergangenen Ereignissen, die bis heute wirken, nicht ungünstig beeinflussen zu lassen. Die Stärkung der inneren Zuversicht verleiht Ihnen die Sicherheit, daran zu glauben, dass Probleme bewältigt werden können und dass Sie schließlich mit allem, was Sie unternehmen, erfolgreich sein werden.

Blüten
Die Blüten sitzen an Stielen, in den Achseln der dunkelgrünen Blätter.

Das Mittel Gentian

Ermutigung
Mit Gentian fassen Sie frischen Mut und geben nicht auf.

Gentian kann helfen, wenn man zu Zweifeln und Verzweiflung neigt, weil jedes Hindernis im Leben, auch wenn es noch so klein ist, unüberwindlich scheint. Gentian könnte das richtige Mittel für Sie sein, wenn Sie das Gefühl haben, Ihren Schwung verloren zu haben und Ihnen das Ziel fehlt, vor allem, wenn Sie erkennen, dass die Dinge nicht nach Plan laufen. Wenn dies geschieht, reicht möglicherweise ein winzig kleiner, unbedeutender Vorfall, um Sie aus dem Takt zu bringen. In dieser Situation benötigen Sie dringend Hilfe, um Ihre Fähigkeit, die Dinge wieder ins richtige Lot zu bringen, wiederzuerlangen. Wenn Sie nicht versuchen, Hilfe zu bekommen, werden sich die Dinge weiter verschlimmern.

Statt im Vertrauen darauf, dass die Dinge trotz allem meist gut ausgehen, die Zähne zusammenzubeißen und weiterzumachen, reagieren Sie in einem solchen Zustand verständlicherweise, völlig gegenteilig. Statt sich der Herausforderung zu stellen, reagieren Sie entmutigt und niedergeschlagen.

Angst und Zweifel

Noch schlimmer ist, dass Ihre Zweifel ständig an Ihnen nagen und damit Ihren Mut weiter schwächen. Schließlich werden Sie möglicherweise immer unfähiger, mit den Problemen und Enttäuschungen umzugehen, die das Leben nun mal mit sich bringt.

Damit Gentian bei Ihnen so wirkt, wie es soll, müssen Sie zunächst die Umstände bestimmen, die Ihre Verzweiflung und Ihre Enttäuschung verursachen. Damit haben Sie den grundlegenden ersten Schritt getan, um sich den in Ihrem Inneren durchaus vorhandenen positiven Zugang zum Leben und zu dem, was es für Sie bereit hält, zurückzuerobern. Typische Gentian-Symptome sind etwa Rückfälle auf dem Weg der Genesung von einer Krankheit oder eine erwartete, aber nicht stattfindende Beförderung. Sie müssen wieder sehen lernen, dass es sich hier nicht um unüberwindbare Hindernisse handelt, sondern um Herausforderungen, die man mit ein wenig Anstrengung auch meistern kann.

Zwar handelt es sich bei einem negativen Gentian-Zustand selten um ein dauerhaftes Problem, aber wenn er nicht sofort behandelt wird, können die Gefühle von Selbstzweifel und Schwermut so eskalieren, dass man es mit permanentem Pessimismus und schweren Zweifeln zu tun bekommt, dem negativen Gorse-Zustand (siehe S. 74–77).

Der negative Zustand

Der negative **Gentian**-Zustand ist durch Zweifel und Mutlosigkeit charakterisiert. Man steht vor unüberwindlichen Hindernissen.

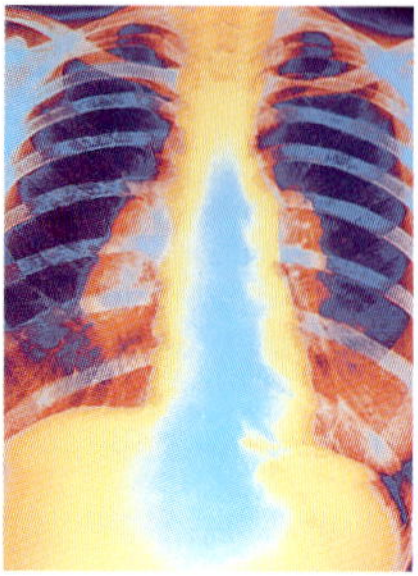

Hoffnungslosigkeit
Ein Rückschlag bei einem langwierigen medizinischen Problem kann der Auslöser für einen negativen Gorse-Zustand sein.

GORSE

Bach-Behandler beschreiben den negativen Gorse-Zustand oft als Steigerung des negativen Gentian-Zustands (siehe S. 70–73). Der Wechsel kann schnell und ohne Vorzeichen erfolgen. Entmutigung und Selbstzweifel schlagen in Verzweiflung und vollkommene Hoffnungslosigkeit um. Gentian-Menschen denken daran aufzugeben, wenn die Dinge kompliziert oder problematisch werden. Gorse-Menschen geben auf. Sie versinken in einen Zustand erbärmlicher Depression und vollkommener Hoffnungslosigkeit, dem Sie kaum entfliehen können, selbst wenn es Menschen in ihrer Umgebung gibt, die ihnen helfen wollen und ihnen mögliche Lösungswege aufzeigen. Das Mittel Gorse gibt Ihnen den Optimismus, den Glauben und damit die fehlende Hoffnung zurück.

Wuchsort
Gorse, ein immergrüner Strauch, ist besonders auf Heiden verbreitet.

Informationen

BOTANISCHER NAME
Ulex europaeus (Stechginster)

VORKOMMEN
Trockene, offene Wiesen und Heiden, steinige Böden

PFLANZENBESCHREIBUNG
Die buschige immergrüne Pflanze trägt zahlreiche goldgelbe Blüten. Die Hauptblütezeit ist von Beginn bis Mitte des Frühlings. Bei milder Witterung beginnt die Blüte auch früher. Die Blüten stehen einzeln an den Blattachseln der letztjährigen Triebe. Die jungen Blätter sind noch weich und behaart, werden aber später zu spitzigscharfen grünen Dornen.

ZUBEREITUNG
Sonnenmethode (Frühlingsmitte bis Frühsommer). Pflücken Sie die Blüten an ihrem Stiel ab.

ANWENDUNG
Tiefe Depression nach Fehlschlägen, anhaltende Verzweiflung, Pessimismus und Hoffnungslosigkeit.

WAS DIE BEHANDLUNG BEWIRKEN KANN
Gorse gibt den Glauben wieder zurück. Es verleiht Ihnen das Verlangen, Ihr emotionales Gleichgewicht wiedererlangen zu wollen. Indem es Sie von Ihrer Schwermut befreit, hilft es Ihnen, Selbstbewusstsein und Selbstachtung zu erlangen, und stärkt Ihren Stolz auf das, was Sie sind und was Sie zustande bringen.

Sammeln
Achten Sie darauf, die Blüten am Stiel zu fassen.

Das Mittel Gorse

Optimismus
Gorse hilft Ihnen zu realisieren, dass das Leben lebenswert ist.

Edward Bach zählte Gorse zu seinen ursprünglichen „sieben Helfern" – Kräuter, die den Weg zur Heilung erleichtern, vor allem bei chronisch kranken Menschen. Menschen im negativen Gorse-Zustand hatten oft schwere Krankheiten oder leiden unter solchen. Da keine medizinische Behandlung zur völligen Heilung führte, haben sie das Gefühl, am Ende ihrer Kräfte zu sein. Sie haben die Hoffnung aufgegeben und sind davon überzeugt, dass ihre Probleme unlösbar sind. Sie können jedoch noch dazu überredet werden, sich behandeln zu lassen, im Unterschied zu Menschen in einem negativen Wild-Rose-Zustand. Diese sind sich sicher, dass nichts, was man ihnen vorschlagen könnte, noch helfen kann. Nichts zu unternehmen bedeutet in solchen Fällen, dass die Dinge sich verschlimmern und die Krankheit die Betroffenen noch stärker im Griff hat.

Im Bachblütensystem steht Gorse für die Hoffnung – und Hoffnung ist das, was Ihnen Gorse geben kann. Sie spüren, dass das Leben wieder lebenswert ist. Nach Edward Bach ist es das Mittel für jene, die die Hoffnung weiterzumachen verloren haben. Sie sehen aus, sagte er, als ob „sie mehr Sonnenschein in ihrem Leben bräuchten, um die Wolken zu vertreiben".

Die Hoffnung wiedererlangen

Dieses Mittel ist ein echtes Hoffnungsmittel. Es gibt Ihnen das Gefühl der Hoffnung zurück und stärkt Ihren Glauben daran, dass noch nicht alles verloren ist und dass es es sich lohnt, in die Zukunft zu schauen. Es vertreibt die dunklen Wolken der Apathie, die sich über sie gelegt haben. Die Einnahme des Mittels wird sehr schnell die versteckten Reserven an Kraft und Mut, die tief in Ihrem Innern immer noch vorhanden sind, aktivieren. Sie werden mithilfe von Gorse den Mut wieder erlangen, es noch einmal zu versuchen. Das heißt nicht, dass die Probleme, die den Zustand ausgelöst haben, verschwunden sein werden. Aber Sie werden sehr viel besser in der Lage sein, mit ihnen umzugehen, unabhängig vom Ausgang der Geschichte.

Dies gilt vor allem dann, wenn Sie, was sehr oft bei Gorse-Menschen der Fall ist, unter einer schweren chronischen Krankheit leiden, die Sie nicht überwinden können. In diesen Fällen kann das Mittel einen völligen Wandel bewirken, der den Körper und das Immunsystem so anregt, dass ein natürlicher Heilungsprozess in Gang kommt.

Der negative Zustand

Im negativen **Gorse**-Zustand herrscht völlige Hoffnungslosigkeit und Verzweiflung; besonders bei chronischer Krankheit.

Montagmorgenstimmung

Hornbeam wird auch das „Montagmorgenmittel" genannt, da im negativen Hornbeam-Zustand die tägliche Arbeit unüberwindlich scheint.

HORNBEAM

Wenn Sie sich beim bloßen Gedanken an die Arbeit, die vor Ihnen liegt, mental und physisch völlig erschöpft fühlen, kann Ihnen Hornbeam helfen. Sie sollten es auch nehmen, wenn Sie eine Arbeit oder eine Aufgabe vor sich herschieben. Es stärkt Ihre Entschlossenheit und verleiht Ihnen damit die Antriebskraft, die Sie brauchen, um in Gang zu kommen und die Dinge zu erledigen. Sobald Sie dem Mittel die Chance geben zu wirken, werden Sie feststellen, dass Ihr Schwächegefühl wie von selbst verschwindet und Sie Ihre Aufgaben ohne Probleme erledigen können.

Wuchsort

Hornbeam wächst in kleinen Wäldchen und ist leicht zu erkennen.

Informationen

BOTANISCHER NAME
Carpinus betulus (Hainbuche)

VORKOMMEN
Wälder und Unterholz

PFLANZENBESCHREIBUNG
Hornbeam hat eine glatte, hellgraue Rinde, der Stamm verzweigt sich weit unten. Männliche und weibliche Blüten wachsen, von der Frühlingsmitte bis zum Spätfrühling, am selben Baum. Die männlichen Blüten – hängende, zylindrische Kätzchen – wachsen in den Blattachseln der Vorjahresblätter, die weiblichen stehen sich paarweise am Ende kurzer Seitentriebe aufrecht gegenüber – nach der Fruchtbildung hängen sie nach unten.

ZUBEREITUNG
Kochmethode. Sammeln Sie junge Zweige mit männlichen und weiblichen Blüten.

ANWENDUNG
Sie haben das Gefühl, nicht die Kraft zu haben, die täglichen Pflichen zu bewältigen. Sie zaudern, fühlen sich geistig schwerfällig, müde und antriebslos. Sie stehen morgens müder auf, als Sie zu Bett gegangen sind.

WAS DIE BEHANDLUNG BEWIRKEN KANN
Hornbeam regt den Geist an und sorgt für einen kühlen, klaren Kopf. Indem es das Vertrauen in die eigene Stärke fördert, hilft es, jede Aufgabe zu bewältigen, die vor einem liegt, selbst wenn sie – auf den ersten Blick – über den eigenen Kräften zu liegen scheint.

Blätter
Die Blätter von Hornbeam sind dunkelgrün mit flaumiger Unterseite.

Das Mittel Hornbeam

Enthusiasmus
Hornbeam hilft, geistige Müdigkeit und Ausgelaugtheit zu überwinden.

Hornbeam wird oft scherzhaft als „Montagmorgenmittel" bezeichnet. Hornbeam kommen im Bachblütensystem unterschiedliche Funktionen zu. Diese Blüte entdeckte Edward Bach in seinen letzten Lebensjahren, die von einem wahren Ausbruch an Energie und Tatkraft geprägt waren. Er war dabei, die noch verbliebenen Lücken in seinem System zu schließen, um es so vollständig zu machen, wie er es sich erträumte. Nach Bach soll Hornbeam Ihnen helfen, wenn Sie meinen, dass es Ihnen an der notwendigen geistigen oder körperlichen Kraft mangelt, um das, was das Leben von Ihnen verlangt, zu bewältigen. Tatsächlich ist diese Erschöpfung meist eher geistigen als körperlichen Ursprungs. Wenn Sie unter diesem Müdigkeitsgefühl leiden, scheint es Ihnen, als ob Sie selbst Ihre täglichen Pflichten nicht mehr bewältigen können. Tatsächlich schaffen Sie es dann aber doch. Das Mittel hilft auch, wenn Sie das Gefühl haben, dass ein Teil Ihres Körpers oder Ihres Geistes Stärkung benötigt, bevor Sie sich Ihren Aufgaben und Ihrer Verantwortung zuwenden können.

Kurzfristig und langfristig

Meist handelt es sich beim negativen Hornbeam-Zustand um eine kurzfristige Angelegenheit. Wenn man allerdings das Gefühl hat, dass alles im Leben nur noch eine lästige und anstrengende Pflicht darstellt, statt Vergnügen aus der erfolgreichen Erledigung seiner Aufgaben zu ziehen, hat man es mit einem langfristigen negativen Hornbeam-Zustand zu tun. Dieser Überdruss endet jedoch oft schnell, sobald etwas Außergewöhnliches passiert, das einen aus der Alltagsroutine reißen kann. Jeder kann sich zwischendurch müde und überdrüssig fühlen. Unabhängig von unserem Pflichtbewusstsein und Engagement gilt jedoch für jeden Menschen, dass eine neue Herausforderung in jedem Fall das stimulierendste Mittel gegen ein möglicherweise erlahmendes Interesse darstellt.

Diese Bachblüte ist ein wahres Stärkungsmittel, das Ihnen helfen kann, Ihre verlorene Lebensfreude wiederzugewinnen, und Ihnen den Spaß am Leben und an der Arbeit zurückgeben kann.

Bach empfahl als Mittel gegen eine aus Überarbeitung resultierende Müdigkeit übrigens auch Olive. Jedoch handelt es sich hier um einen ganz anderen Seelenzustand (siehe S. 104–105), der auch anders behandelt werden muss.

Der negative Zustand

Im negativen **Hornbeam**-Zustand mangelt es an körperlicher und geistiger Kraft, man leidet vor allem an mentaler Erschöpfung.

Richtung
Wenn Sie in Ihrem Leben an einem Scheideweg stehen, kann Wild Oat Ihnen helfen, sich für eine Richtung zu entscheiden.

WILD OAT

Bei dem von Edward Bach Wild Oat genannten Blütenmittel handelt es sich nicht um Wilden Hafer, wie der englische Name nahelegt, sondern um ein Wildgras, das nur sehr kurz blüht. Er entdeckte es, kurz nachdem er nach Oxfordshire gezogen war, um seine erste Gruppe von 19 Mitteln zu vervollständigen. Wild Oat ist ganz besonders angebracht, wenn man unzufrieden und frustriert ist, weil man unfähig ist, seinen Weg und seine Bestimmung im Leben zu finden. Man weiß, dass man sich an einem Scheideweg befindet, kann sich aber nicht für eine Richtung entscheiden. Das Mittel ermuntert Sie, auf Ihre innere Stimme zu hören, damit Sie erkennen, was Sie wirklich wollen und in welche Richtung Sie sich bewegen müssen. Es hilft Ihnen, sich selbst zu verwirklichen.

Waldtrespe
Bei Wild Oat handelt es sich um die Waldtrespe, nicht um Wilden Hafer.

Informationen

Botanischer Name
Bromus ramosus (Waldtrespe)

Vorkommen
Feuchte Wälder, Hecken, Dickichte und Straßenränder

Pflanzenbeschreibung
Wild Oat blüht vom Hochsommer bis zum Spätsommer, die einzelne Blüte jedoch nur ein bis zwei Tage. Das Gras ist hoch, der Stiel aufrecht, behaart und unverzweigt, die Blätter sind breit und flach. Die Blütenährchen sitzen in einer Rispe an feinen, hängenden Ästen.

Zubereitung
Sonnenmethode. Sammeln Sie die Blüten mit möglichst viel Blütenstaub.

Anwendung
Unzufriedenheit und Unsicherheit, da es misslingt, im Leben den richtigen Kurs einzuschlagen. Gefühl einer fehlenden Lebensaufgabe, nicht in der Lage eigene Talente zu erkennen. Wie ein Fisch auf dem Trockenen, unfähig, gewünschte Ziele zu erreichen.

Was die Behandlung bewirken kann
Wild Oat wird Ihre Fähigkeit verbessern, Ihre Wünsche und Ziele zu erkennen und danach zu handeln. Es wird Ihnen helfen, klare Ziele zu setzen, die Sie auch erreichen werden.

Erscheinungsbild
Die Blütenährchen tragen paarig angeordnete Spelzenblüten.

Das Mittel Wild Oat

Lebenszweck
Wild Oat hilft Ihnen, wenn Ihnen Ihr Lebensziel unklar ist.

Wild Oat hängt sehr eng mit den Begriffen Berufung und Zielstrebigkeit zusammen. In einem negativen Wild-Oat-Zustand hat man seine wahre Berufung möglicherweise noch nicht erkannt, weshalb man sich unzufrieden und unausgefüllt fühlen kann.

Das ist um so bedauerlicher, da Wild-Oat-Menschen in der Regel mit vielen Begabungen gesegnet sind. Tatsächlich haben sie wahrscheinlich eher die Qual der Wahl. Das Leben scheint eine unendliche Anzahl von Möglichkeiten zu bieten. Da ihnen jedoch die innere Sicherheit fehlt, die sie benötigen würden, um sich zu entscheiden, neigen sie dazu, falschen Fährten zu folgen. Wenn diese sie unzufrieden werden lassen, wechseln sie ebenso rasch die Richtung oder geben gar Dinge auf, die sie aufgebaut haben. Sie hoffen mit einem Neustart etwas Zufriedenstellenderes zu finden. Vielleicht haben sie auch das Gefühl, dass das Leben trotz all ihrer Talente an ihnen vorbeizieht.

Sich selbst verwirklichen

Manchmal kann zwischen Ihren Erwartungen und Ihren Fähigkeiten eine Kluft liegen, die sich nur schwer überbrücken lässt. Das kann geschehen, wenn Sie Dinge anstreben, für die Sie offensichtlich, und das wissen Sie in Ihrem Innern auch selbst, nicht geeignet sind. In so einem Fall werden Sie permanent frustriert sein.

Sobald Sie mit der Einnahme von Wild Oat beginnen, werden Sie feststellen, dass Geist, Körper und Seele allmählich ruhiger, klarer und sicherer werden. Ganz langsam werden Sie besser erkennen, was Sie wirklich wollen, und Sie werden nun intuitiv statt impulsiv handeln. Ihr Leben wird viel befriedigender sein. Sie werden Ihre Möglichkeiten erkennen und Ihr Potenzial verwirklichen. Sie werden wissen, wie Sie Prioritäten setzen, statt sich von Ihren Zielen ablenken zu lassen. Und Sie werden sehen, dass Sie mehr tun können, als Sie zu träumen wagten.

Indem Sie sich schließlich für einen bestimmten Weg entscheiden, danach handeln und Ihrer Intuition vertrauen, erlangen Sie einen ausgeglicheneren Blick auf die Welt und Ihren Platz in ihr. Ihr Leben wird in der Folge sinnvoller und glücklicher sein. Ihnen wird klar, was Sie im Leben tun und was Sie erreichen wollen, und davon werden Sie sich nicht abbringen lassen.

Der negative Zustand

Im negativen **Wild-Oat**-Zustand fehlt die Erfüllung im Leben; gleichzeitig herrscht eine tief sitzende Unzufriedenheit.

FRAGEN & ANTWORTEN

Jahrzehnte nach Edward Bachs Tod im Jahr 1936 greifen mehr Menschen als je zuvor zu den heilenden Blütenmitteln, die immer noch nach der von Bach vorgegebenen Weise zubereitet werden. Weltweit lehren Bach-Behandler bis heute die klaren Grundsätze dieses Heilsystems. Hier sind einige Antworten von Bach-Behandlern des britischen Bach-Zentrums auf allgemeine Fragen.

F Mein Kleinkind ist gerade zwei Jahre alt. Kann ich ihm im Notfall Rescue-Tropfen geben und in welcher Situation passt dieses Mittel? Wie viel Tropfen soll ich ihm geben?

A *Kinder werden leicht krank und Sie sollten, falls Ihr Kind sich nicht wohl fühlt, gleich den Arzt rufen. In weniger ernsten Situationen, etwa bei leichtem Unwohlsein, können Sie das Mittel unbesorgt anwenden. Geben Sie vier Tropfen in etwas abgekochtes, abgekühltes Wasser und mischen Sie es unter das Essen oder geben Sie es auf einen Teelöffel. Man kann es nicht überdosieren und es hat keine Nebenwirkungen, aber man sollte die Notfalltropfen immer mischen.*

F Können Sie mir sagen, ob die Bachblütentropfen für Kinder ungefährlich sind? Gibt es gefährliche Mittel?

A *Allle Bachblüten sind völlig ungefährlich, sie sollten aber keinesfalls als Ersatz für eine notwendige medizinische Behandlung verwendet werden. Da Sie mit Alkohol konserviert sind, darf man sie nicht pur einnehmen.*

F Ich möchte wissen, ob Rescue Remedy sich als Mittel gegen Panikanfälle eignet bei Menschen, die schulmedizinische Behandlungen, etwa mit Prozac, nicht vertragen. Gibt es Nebenwirkungen? Kann man Rescue-Tropfen zusammen mit blutdrucksenkenden Mitteln oder anderen Medikamenten nehmen?

A *Rescue Remedy ist natürlich, ungefährlich und ohne Wechselwirkungen mit anderen Medikamenten einsetzbar. Falls Sie jedoch keinen Alkohol vertragen oder zu sich nehmen sollten, dann müssen Sie die Einnahme mit Ihrem behandelnden Arzt besprechen, da alle Bachblütenmittel in Alkohol gelöst sind.*

F Meine Freundin war vor kurzem bei einem Naturheilpraktiker, der sie gebeten hat, ihre Hand über die 38 Mittel zu halten. Danach wurde ihr gesagt, dass Sie Scleranthus und Clematis einnehmen müsste, da sie verträumt sei und eine Neigung zu Ohnmachten habe, nicht ganz in der Realität lebe und selbstmordgefährdet sei. Sollte man vor einer solchen Diagnose nicht zuerst eine Befragung durchführen? Was meinen Sie dazu?

A *Es gibt Menschen, die die Mittel in der von Ihnen beschriebenen Weise festlegen. Bach selbst arbeitete jedoch mit der Befragungsmethode. Er hörte dem Patienten zu und stellte Fragen. Danach wählte er die Mittel entsprechend den Gefühlen der Person, ohne jegliche okkulte Methode.*

F Mein Freund trinkt keinen Alkohol. Wie kann er die Mittel einnehmen?

A *Man kann die Tropfen auf das Handgelenk oder andere Pulspunkte träufeln oder einem Luftbefeuchter zugeben, was aber nicht so schnell wirkt.*

F Ich bin in der 26. Schwangerschaftswoche und sehr gestresst. Welches Mittel empfehlen Sie?

A *Geben Sie vier Tropfen Rescue Remedy in ein Glas Wasser und nippen sie, so oft Sie wollen, daran, bis Sie ruhiger werden.*

Mittel bei mangelndem Interesse an der Gegenwart

Leben in Erinnerungen
Honeysuckle hilft, wenn Sie sich immer an der Vergangenheit orientieren.

Ungenügendes Interesse an der Gegenwart kann nach Edward Bach sieben verschiedenen Typen zugeordnet werden. Für jeden Typ gibt es ein Mittel. Menschen, die dazu neigen zu träumen, statt sich der Realität zu stellen, verordnete er Clematis. Solche Menschen sind oft kreativ und künstlerisch, scheinen aber in ihrer eigenen Welt zu leben. Sie können in den seltsamsten Momenten einnicken und sie neigen dazu, Luftschlösser zu bauen und Pläne zu schmieden, die sich nie realisieren lassen.

Extreme Nostalgie

Menschen, die das Gefühl haben, alles Glück läge in ihrer Vergangenheit, verordnete Edward Bach Honeysuckle, da dieses Mittel die Konzentration auf die Gegenwart stärkt. Das Mittel ist besonders angebracht bei Trauernden. In diesem Fall gibt man es am besten zusammen mit Star of Bethlehem, um dem Trauernden zu helfen mit Kummer, Trauer und Schock umzugehen. Wild Rose ist nach Bach das Mittel, das jene ermutigt, die sich vom Leben verlassen fühlen. Wild-Rose-Menschen fügen sich in der Regel klaglos ihrem Schicksal, ohne aufzubegehren und verpassen damit manche Chance im Leben.

Olive gibt denen Stärke zurück, die aufgrund von Krankheit oder Überforderung körperlich und geistig völlig erschöpft sind. Dieses Mittel wird am häufigsten verordnet. Das Gleiche gilt für White Chestnut, das beruhigend wirkt und den sich ständig wiederholenden Gedankenfluss eindämmt und damit die Konzentration fördert.

Wenn Sie sich aus nicht nachvollziehbaren Gründen plötzlich niedergeschlagen fühlen, kann Ihnen Mustard helfen. Es vertreibt die dunklen Wolken und hilft Ihnen, Ihr Gefühl für das innere Glück und den Sinn des Lebens zu bewahren. Chestnut Bud hilft Ihnen, die Lektionen des Lebens leichter zu lernen und von „Beobachtung und Erfahrung" zu profitieren.

Verträumtheit
Die Clematis-Typen sind häufig Tagträumer. Sie leben lieber glücklich in ihrer eigenen Welt, als das Beste aus der realen Welt zu machen.

CLEMATIS

Um zu prüfen, ob Sie sich im negativen Clematis-Zustand befinden, müssen Sie sich folgende Schlüsselbegriffe anschauen: Gleichgültigkeit, mangelnde Aufmerksamkeit, Bewusstlosigkeit. Clematis-Menschen flüchten vor Problemen und unangenehmen Gefühlen in ihre Fantasiewelt fernab der Realität. Sie ziehen es vor, mit ihren Gedanken allein zu sein. Bei Krankheit bemühen sie sich kaum, schnell gesund zu werden. Der Zustand kann immer dann auftauchen, wenn der Geist mit Problemen und Sorgen oder paradoxerweise auch freudigen Ereignissen beschäftigt ist. Das Gute am positiven Clematis-Zustand ist das große Interesse an allem, was um einen vorgeht, und die Fähigkeit, aus den Ereignissen, die einem widerfahren, zu lernen, statt sie vorbeiziehen zu lassen.

Wuchsort
In der freien Natur findet man Clematis häufig in Dickichten und Hecken.

Informationen

Botanischer Name
Clematis vitalba (Gemeine Waldrebe)

Vorkommen
Hecken, Dickichte und Wälder, bevorzugt auf kalkigen Böden und Kalkstein

Pflanzenbeschreibung
Clematis ist eine Kletterpflanze. Ihre duftenden Blüten blühen vom Hochsommer bis zum Frühherbst. Genau genommen gibt es keine echten Blütenblätter sondern zungenförmige, grünlich-weiße Kelchblätter. Diese umgeben eine Gruppe blassgrüner Griffel und cremeweißer Staubfäden.

Zubereitung
Sonnenmethode

Anwendung
Tagträumerei, Konzentrationsprobleme, Realitätsflucht, wenig oder gar kein Interesse an der Außenwelt, Mangel an Vitalität, großes Schlafbedürfnis, Neigung zu Ohnmachtsanfällen

Was die Behandlung bewirken kann
Clematis-Typen sind oft sehr künstlerisch und kreativ. Das Mittel unterstützt das Hervortreten und die Enwicklung dieser Neigungen. Es fördert auch das Interesse an der Umgebung und dem wichtigen Beitrag, den Sie dem Leben als Ganzem leisten können. Da es Ihnen dadurch zum Anliegen wird, sich zu beteiligen, statt sich fern und für sich zu halten, werden Sie ein besseres Verständnis für die Einzelheiten des Lebens gewinnen. Sie werden sich nicht mehr in Gedanken verlieren und anfangen, das Leben in vollen Zügen zu genießen.

Samen
Die Fruchtstände von Clematis werden so flaumig und silbrig wie Greisenhaar.

Das Mittel Clematis

Kreativität
Clematis fördert die vorhandene Kreativität.

Clematis-Menschen können verträumt wirken und so, als wären sie nicht ganz von dieser Welt. Sie sind in Gedanken immer bei einer glücklichen Zukunft. Edward Bach sagte von ihnen, dass sie viel Zeit damit verbringen, „von Zielen zu träumen, um deren Realisierung sie sich nicht bemühen". Zwar „sind sie meist ruhig und freundlich ... haben aber nicht genug Freude am Leben; sie leben nicht richtig in der Gegenwart". Insgesamt betrachtet „wirken sie jedoch zufrieden damit, nicht ganz wach zu sein und glücklich in ihren idealistischen Tagträumen". Der Clematis-Typ lässt sich einfach erkennen. In der Regel handelt es sich um recht kreative und künstlerisch begabte Menschen. Sie haben Freude daran, sich Dinge vorzustellen und sich eine beglückende Zukunft auszumalen. Auf der anderen Seite haben sie meist zu wenig Interesse am Hier und Jetzt. Ihr Desinteresse zeigt sich etwa in Zerstreutheit und Unaufmerksamkeit. Es fehlt ihnen wahrscheinlich auch an Konzentration und sie fühlen sich schnell gelangweilt.

Kein Kontakt zur Realität

Wenn man sein kreatives Potenzial nicht auslebt, kann ein negativer Clematis-Zustand auftreten. Auf andere wirkt man dann recht exzentrisch, da man mehr in seiner Fantasiewelt lebt, als die Realität zu sehen. Da die materiellen Dinge einen nicht interessieren, kann auch die Gesundheit leiden. Auf andere macht man in dieser Verfassung einen eher verschlafenen Eindruck. Clematis-Typen wirken oft nicht ganz wach und unaufmerksam. Man hat die Neigung, sich in

seine Tagträume zu flüchten und verliert den Kontakt zur Realität und zum Leben um einen herum.

Wenn Sie in einem solchen Zustand Clematis nehmen, werden Sie fähig sein. mit ihren negativen Gefühlen umzugehen. Das Mittel gibt Ihnen die positive Energie, die Ihnen aktuell fehlt und ermöglicht Ihnen den Zugang zu Ihrer natürlichen Kreativität. Ihr Ehrgeiz und Ihre Zielstrebigkeit werden stärker auf die Gegenwart gerichtet. Und Sie werden es schaffen, gegen Ihren Wunsch, sich aus der Realität zu flüchten, anzukämpfen.

Clematis kann auch bei Ohnmachtsanfällen helfen. In diesem Fall träufelt man am besten einige Tropfen des Mittels auf die Lippen des Ohnmächtigen. Diese Blüte ist außerdem eine wichtige Zutat im Notfallmittel Rescue Remedy (siehe S. 214–217).

Der negative Zustand

Der negative **Clematis**-Zustand zeichnet sich durch Gleichgültigkeit, Apathie, Verträumtheit, und fehlendes Interesse an der Gegenwart aus.

Vergangenheitsbezug
Der typische negative Charakterzug von Honeysuckle ist der Blick zurück auf vergangene glückliche Zeiten, statt nach vorn in die Zukunft.

HONEYSUCKLE

Clematis-Menschen träumen von der Zukunft. Honeysuckle-Menschen sind nach Edward Bach das komplette Gegenteil. Sie neigen dazu, zurück in die Vergangenheit zu blicken und sich nach den glücklicheren Zeiten von damals zu sehnen. Dadurch laufen sie Gefahr, das Interesse an der Gegenwart zu verlieren. Da sie sich nur mit vergangenen Ereignissen beschäftigen, verpassen sie einiges im Leben. Das Mittel hilft in solchen Fällen, das Interesse wieder mehr auf die Gegenwart zu lenken und die Dinge in der richtigen Perspektive zu sehen. Honeysuckle kann Trauernden helfen, die ständig an die Vergangenheit denken oder sich verhalten, als ob der geliebte Mensch immer noch am Leben wäre.

Vielfalt
Es gibt zahlreiche Varietäten v Honeysuckle. Dr. Bach nutzte sein Mittel L. caprifolium.

Informationen

Botanischer Name
Lonicera caprifolium (Jelängerjelieber, Geißblatt)

Vorkommen
Wälder, Hecken und Heiden

Pflanzenbeschreibung
Lonicera caprifolium sollte nicht mit *L. pericylmenum*, dem Wald-Geißblatt, verwechselt werden. Sie unterscheiden sich durch die Blüten, die vom Früh- bis zum Spätsommer blühen. Die Blüten von *L. caprifolium* sind außen rot oder dunkelrosa und innen weiß. Sie werden erst nach der Bestäubung gelb. Das Wald-Geißblatt hat hingegen nur gelbe Blüten. Beides sind Kletterpflanzen mit zähem Stängel, gegenständigen Blättern und Blüten in endständigen Köpfen oder Gruppen.

Zubereitung
Kochmethode. Sammeln Sie etwa 15 Zentimeter lange Stücke mit Blüten und Blättern.

Anwendung
Anhaltende nostalgische Gefühle, zwanghaftes Zurückschauen auf früheren Erfolg oder früheres Glück, Sehnsucht nach Unwiederbringlichem, Heimweh, ständiges Schwelgen in der Vergangenheit; Verlangen, noch einmal von vorne beginnen zu können; von Gegenwart und Zukunft nichts Positives erwarten.

Was die Behandlung bewirken kann
Das Heilmittel wird Ihnen ermöglichen in der Gegenwart zu leben und trotzdem den Bezug zur Vergangenheit zu bewahren. Sie werden die Fähigkeit erlangen, aus vergangenen Erfahrungen zu lernen, aber nicht länger zwanghaft an ihnen festzuhalten.

Erscheinungsbild
Die Blüten von L. caprifolium *werden erst nach der Bestäubung gelb.*

Das Mittel Honeysuckle

Lebenspuzzle
Honeysuckle hilft, die Puzzlestücke des Lebens zusammenzusetzen.

Honeysuckle, schrieb Edward Bach, ist „das Mittel, um den Geist von dem Bedauern und der Trauer zu befreien, die aus der Vergangenheit rühren, um gegen alle Einflüsse, Wünsche und Begierden aus der Vergangenheit zu wirken und uns in die Gegenwart zurückzubringen". Das heißt, dass das Mittel uns hilft, eine obsessive Beschäftigung mit der Vergangenheit zu vermeiden. Wenn Sie es nehmen, dann behalten Sie zwar noch den Bezug zur Vergangenheit, aber Sie kleben nicht mehr an ihr wie an einer Versicherungspolice, die Sie vor den Realitäten der Gegenwart und den Möglichkeiten der Zukunft schützt. Vergangenheit und Gegenwart können in Ihrem Leben wieder den Ihnen entsprechenden Platz erhalten.

Sie müssen auf jeden Fall verhindern, dass Sie in einen Zustand geraten, in dem Sie hauptsächlich in der Vergangenheit leben, ohne Abstand zu bekommen und aus ihr zu lernen. Die aus der Vergangenheit gezogenen Lehren können zu einem wertvollen Führer in Gegenwart und Zukunft werden.

Der Lockruf der Vergangenheit

Das Schicksal von Lots Frau, wie es in der Bibel steht, kann eventuell auf ihre Honeysuckle-Natur zurückgeführt werden. Statt ihre ganze Energie auf die Flucht aus Sodom zu konzentrieren, drehte sie sich um, um die brennende Stadt zu sehen, und wurde in eine Salzsäule verwandelt. Queen Victorias heftige Trauer um ihren verstorbenen Gatten Prince Albert ließ sie das gemeinsame Schlafzimmer in Windsor Castle aufgeben. Sie blieb bis zu ihrem

Lebensende in Trauerkleidung. Solche Menschen weigern sich unbewusst, etwas Neues zu sehen oder anzunehmen. Sprichwörtlich ist ihre Neigung, Gespräche mit Sätzen wie „Es war ..." und „Als ich noch ..." zu würzen.

Ein solcher Zustand baut sich normalerweise über einen längeren Zeitraum auf, kann aber auch zeitlich begrenzt sein, vor allem bei Kindern. Das Mittel wird beispielsweise Internatsschülern gern gegen Heimweh gegeben. Bei älteren Menschen findet man diesen Zustand ebenfalls sehr häufig, aus offensichtlichen Gründen. Das Mittel hilft ihnen, mit den Anforderungen des Alltags fertigzuwerden. Mithilfe von Honeysuckle können Sie die Erinnerungen an die Vergangenheit lebendig halten, ohne den Kontakt zur Gegenwart zu verlieren. Sie verhindern, dass die Vergangenheit Sie zu sehr im Griff hat.

Der negative Zustand

Im negativen **Honeysuckle**-Zustand lebt man in der Vergangenheit und weigert sich Neues anzunehmen.

Das Geschenk des Lebens
Wild Rose wird Ihre Freude an den schönen Dingen im Leben wieder wecken und Sie ermutigen, sich seinen Herausforderungen zu stellen.

WILD ROSE

Ganz einfach ausgedrückt haben Wild-Rose-Menschen den ungleichen Kampf aufgegeben. Wie Edward Bach feststellte, „haben sie sich ohne zu klagen im Lebenskampf ergeben". Im negativen Wild-Rose-Zustand hat man seine Begeisterungsfähigkeit und jeglichen Ehrgeiz, im Leben etwas zu verbessern, verloren. Man findet sich wahrscheinlich mit dem Leben ab, ohne zu versuchen etwas zu ändern. Das Mittel hilft Ihnen, Lebenslust und Begeisterungsfähigkeit wieder zu erwecken. Es stärkt die Vitalität. Es kann helfen, wenn man das Gefühl hat, dass das Leben auf ausgetretenen Pfaden gelebt wird, ohne Aussicht auf etwas, das die Vorhersehbarkeit und Langeweile aufbrechen könnte.

Wuchsort
Wild Rose (Heckenrose oder Hundsrose) wächst im Dickicht von Waldrändern.

Informationen

Botanischer Name
Rosa canina (Heckenrose, Hundsrose)

Vorkommen
Dickichte, Hecken und Waldränder

Pflanzenbeschreibung
Wild Rose ist ein Strauch, der schulterhoch werden kann. Seine Blüten sind weiß, rosa oder tief rosarot und blühen vom Frühsommer bis zum Spätsommer. Sie stehen jeweils einzeln oder in Gruppen von drei bis vier Blüten am Ende der stachligen Zweige.

Zubereitung
Kochmethode. Sammeln Sie die Blüte mit einem kurzen Stück des Stiels und seinen Blättern.

Anwendung
Mangelndes Interesse am Leben, fehlende Motivation, Ergebenheit in alles, was geschieht; Verstreichenlassen von Gelegenheiten und Glauben, dass es zu große Mühe machen würde, sie zu ergreifen; keine Anstrengung unternehmen etwas zu ändern.

Was die Behandlung bewirken kann
Das Mittel hilft Ihnen, die Lebenslust wieder zu entdecken. Es wird Ihre Resignation und Ihre Gewilltheit, sich mit den Dingen abzufinden, beenden, beides Kennzeichen des negativen Zustands von Wild Rose.

Blüten und Frucht
Wild Rose blüht im Hochsommer. Später im Jahr reifen als Früchte Hagebutten.

Das Mittel Wild Rose

Lebensfreude
Wild Rose hilft aus der Resignation und führt zu neuer Lebensfreude.

Falls Sie sich mit einer Krankheit und ihren Folgen abgefunden haben, Ihnen Ihre Arbeit nicht zusagt und Sie das Leben insgesamt trüb, monoton und langweilig finden, dann kann Ihnen Wild Rose helfen. Wenn Sie nichts gegen diesen Zustand unternehmen, werden Sie weiterhin der Meinung sein, alles, was Sie plagt, gehöre zu Ihrem Schicksal, statt es zu ändern. Menschen in diesem Zustand sind passiv, fügen sich ihrem Schicksal und machen sich eher etwas vor, als das Schicksal in die eigene Hand zu nehmen. Mit der Einnahme von Wild Rose tun Sie den ersten Schritt zu einer Veränderung. Ohne das Mittel werden Sie weiterhin ehrgeizlos vor sich hin wursteln – selbst wenn sich von außen betrachtet eine Möglichkeit zur Änderung anbietet. Aber statt die Herausforderung anzunehmen, scheint Ihnen alles die Mühe nicht wert zu sein und Sie ruhen sich stattdessen auf Ihren Lorbeeren aus.

Das Leben verändern

Mithilfe des Mittels wird sich Ihr Leben komplett verändern. Sie werden den negativen Wild-Rose-Zustand, der durch einen Mangel an Interesse und Vitalität sowie die Bereitwilligkeit, sich in sein Schicksal zu fügen, geprägt ist, hinter sich lassen. Sie werden ein neues Interesse am Leben und an dem, was sich in Ihrer Umgebung abspielt, entdecken.

Sie werden schnell feststellen, dass das Mittel Ihnen hilft, Ihre inneren Reserven zu mobilisieren und Ihnen so die Lebensfreude zurückgibt. Mit dem Niederreißen der Barrieren, die Sie um sich aufgerichtet hatten, werden Sie außerdem ein Gefühl von spiritueller und emotionaler Freiheit entwickeln. Sie werden Ihren Geist für neue Möglichkeiten und Erfahrungen öffnen.

Sie werden merken, dass Sie das Leben wieder offener und flexibler angehen. Jetzt sind Sie bereit, neue Erfahrungen zu machen und das Beste aus dem herauszuholen, was das Leben Ihnen zu bieten hat. Schließlich werden Sie allmählich erkennen, wie Sie Ihr zuvor nur latent vorhandenes oder unterdrücktes Potenzial entfalten können. Ihr Leben wird sich damit komplett verändert haben.

Auch hier gilt, wie bei allen anderen Bachblüten: Falls die derzeitige Verfassung auf weitere Seelenzustände verweist, sollte man zur Behandlung auch weitere Mittel in Betracht ziehen und kombinieren.

Der negative Zustand

Im negativen **Wild-Rose**-Zustand fehlt das Interesse für die Richtung, die das eigene Leben nimmt.

Geistige Überanstrengung

Olive hilft, mit extremer geistiger Erschöpfung fertig zu werden, wenn alles im Leben einfach zu viel wird.

OLIVE

Wenn Ihre spirituellen und emotionalen Energiereserven erschöpft sind, kann Olive Ihnen helfen. Menschen in einem negativen Olive-Zustand haben körperlich und geistig so viel gelitten, dass sie schließlich alle Kraft verloren haben. Schon durch den Alltag zu kommen, bedeutet für sie eine große Anstrengung, sie sind kaum fähig weiterzumachen. Die permanente Belastung, unter der sie leiden, nimmt ihnen jede Lebensfreude. Das Mittel hilft Ihnen in einem solchen Zustand, Ihre Energiereserven aufzufüllen und damit Geist, Seele und Körper zu revitalisieren. Sie können wieder auftanken und mit den Anforderungen des Lebens umgehen, statt im Zustand völliger Erschöpfung aufzugeben.

Wuchsort

Olive wächst im Mittelmeerraum. Dort wird auch das Heilmittel hergestellt.

Informationen

Botanischer Name
Olea europaea (Olive)

Vorkommen
Mittelmeerraum

Pflanzenbeschreibung
Dieser kleine immergrüne Baum mit seiner charakteristischen silbergrauen Rinde hat winzige, unauffällige weiß-grüne Blüten. Er blüht im Frühjahr. Die Blüten stehen in Büscheln bzw. Trauben, mit 20 bis 30 Blüten pro Blütenstand.

Zubereitung
Sonnenmethode

Anwendung
Völlige geistige und körperliche Erschöpfung; wenn man das Gefühl hat, ausgelaugt zu sein und alles zu mühsam scheint; tiefe innere Müdigkeit; sehr schlafbedürftig; unfähig mit dem Alltag umzugehen oder sich an ihm zu erfreuen, weil man zu müde ist.

Was die Behandlung bewirken kann
Die Einnahme des Mittels hilft Ihnen, Ihre Kraft und Vitalität wiederzuerlangen. Sie können sich auf Ihre innere Führung verlassen und sind damit in der Lage, auch mit extremen Anforderungen und großem Druck umzugehen.

Olivenöl
Aus den Oliven, der Frucht des Olivenbaums, wird das Olivenöl gewonnen.

Das Mittel Olive

Vitalisierend
Olive lädt bei Erschöpfung Ihre Batterien wieder auf.

In der gesamten Menschheitsgeschichte war der Olivenbaum ein Symbol des Friedens und der Harmonie. In der Bibel steht etwa, dass die Taube Noah einen Olivenzweig brachte, als Zeichen dafür, dass die Flut zurückgegangen war und dass, wie Gott verheißen hatte, das Böse vernichtet und Ruhe und Ordnung auf die Erde zurückgekehrt waren.

Das von Bach aus dem Olivenbaum gewonnene Mittel ist eines der am häufigsten verordneten Blütenmittel. Es ist angebracht, wenn der müde und verwirrte Geist Ruhe und Frieden und der erschöpfte Körper Kraft benötigt. Bach-Behandler empfehlen Olive für die Rekonvaleszenzphase nach einer schweren Krankheit, vor allem wenn man sich müde und allgemein geschwächt fühlt. Das Mittel kann Ihnen auch helfen, wenn Sie feststellen, dass Ihr Leben so anstrengend und voller Pflichten ist, dass Sie kaum Zeit haben, sich zu erholen. Wenn Sie sich so fühlen, ist die Gefahr groß, dass Sie sich immer mehr erschöpfen, bis zu dem Punkt, an dem Sie keine Kraft- oder Energiereserven mehr haben. Wenn Sie sich ständig in diesem Zustand befinden, müssen Sie lernen, mit Ihren Kräften hauszuhalten, statt sie unbedacht zu vergeuden.

Energie wiedergewinnen

Dieses Mittel wird Ihnen auf jeden Fall Ihre Vitalität wieder schenken. Sobald Sie Ihre verlorene Energie wiedergewonnen haben, werden Sie sich besser fühlen. Es wird Ihnen leichter fallen, mit dem Stress und den Anforderungen des Lebens umzugehen. Andere können sogar den Eindruck haben, dass Sie über unerschöpfliche Energiereserven verfügen. Dies wird vor allem der Fall sein, wenn Sie gelernt haben, auf Ihre innere Stimme zu hören. Sie wissen jetzt, dass es besser ist, die Warnungen der Natur nicht zu ignorieren.

Ein Schlüssel zur Gesundheit

Sobald Sie die Bedürfnisse Ihres Geistes und Ihres Körpers wahrnehmen und etwas für sie tun, sind Sie auf dem richtigen Weg. Sie werden die wiedergewonnene Kraft und Energie spüren. Sie werden erkennen, dass, wie Edward Bach es vor mehr als 60 Jahren ausgedrückt hat, Gesundheit „existiert, sobald Seele, Geist und Körper sich in perfekter Harmonie miteinander befinden und dass diese Harmonie, und sie allein, erreicht werden muss, bevor die Heilung einsetzen kann".

Der negative Zustand

Der negative **Olive**-Zustand ist durch einen geschwächten und erschöpften Körper und einen erschöpften Geist gekennzeichnet.

Kreisende Gedanken

Da White Chestnut mit ständig sich wiederholenden Gedanken verbunden ist, nannte Bach es das „Schallplattenmittel".

WHITE CHESTNUT

Wenn Sie feststellen, dass Sie unter geistiger Agonie leiden, weil sich in Ihrem Kopf sorgenvolle, unerwünschte Gedanken ständig wiederholen, kann Ihnen White Chestnut helfen. Wenn Sie nichts dagegen tun, werden Ihre Erschöpfung und der daraus resultierende Konzentrationsmangel zunehmen. In schweren Fällen könnnen Sie regelrecht von Sorgen besessen sein – auch wenn es objektiv keinen Grund dazu gibt. Der Zustand ist auch durch Unwilligkeit, die Umstände zu erkennen, die zu dieser großen Besorgnis geführt haben, geprägt. Das Mittel wird Sie beruhigen. Damit werden Sie positiver denken können und besser in der Lage sein konstruktive Lösungen für Ihre Probleme zu finden.

Blüten

Rosskastanienblüten blühen in dichten Ähren. Die oberen Blüten sind meist männlich, die unteren weiblich.

Informationen

BOTANISCHER NAME
Aesculus hippocastanum (Weiße Rosskastanie)

VORKOMMEN
Waldlandschaft

PFLANZENBESCHREIBUNG
White Chestnut wird aus den Blüten der Rosskastanie hergestellt, die cremeweiß und gelb oder karmesinrot gesprenkelt sind. Die in dichten Ähren blühenden Blüten sehen wie kleine Pyramiden aus, da die unteren Blüten längere Blütenstängel aufweisen als die oberen. Die männlichen Blüten sind eher oben zu finden, die weiblichen am unteren Ende der Traube. Der Baum blüht vom Spätfrühling bis zum Frühsommer.

ZUBEREITUNG
Sonnenmethode. Männliche und weibliche Blüten werden gesammelt.

ANWENDUNG
Anhaltende sorgenvolle Gedanken, innere Dialoge, ohne zu einer Lösung zu kommen, ständige Beschäftigung mit Problemen und derem Grund. Gedanken, die Sie nicht loslassen, obwohl Sie alles versuchen, um sie aus ihrem Kopf zu verbannen.

WAS DIE BEHANDLUNG BEWIRKEN KANN
Das Mittel hilft Ihnen ruhig zu werden und die Dinge, die in Ihrem Kopf vorgehen, ins richtige Licht zu rücken. Sie werden sich nicht mehr von Ihren Gedanken ablenken lassen, sich besser konzentrieren können und Ihren wiedererlangten geistigen Frieden genießen können. Und Sie werden Ihre Gedankenkraft konstruktiv nutzen können.

Blätter

Die ausgewachsenen Blätter von White Chestnut sind groß und fächerförmig.

Das Mittel White Chestnut

Innerer Frieden
Das Mittel befreit den Geist von sich wiederholenden Gedanken.

White-Chestnut-Menschen sind äußerst unglückliche Personen. Sie sind weniger das Opfer anderer Menschen als das Opfer ihrer eigenen Gedanken. Statt Dinge rational und logisch zu durchdenken, werden sie von ständig sich wiederholenden Gedanken geplagt, wobei ein innerer Dialog mit Argumenten und Gegenargumenten entstehen kann, der nie zu einer Lösung zu führen scheint. Das kann sich so zuspitzen, dass es scheint, als ob der Geist ein Eigenleben führt, unabhängig von dem, was in der Welt außerhalb stattfindet. Menschen, die unter solchen Beschwerden leiden, sind oft nicht in der Lage, das zu hören, was man zu ihnen sagt, selbst wenn man sie direkt anspricht.

Anzeichen und Symptome

Wenn Sie die psychischen Zeichen wiedererkennen, sind Ihnen sicher auch die körperlichen vertraut. Sie können wahrscheinlich schlecht einschlafen oder wachen mit sorgenvollen und hartnäckigen Gedanken in den frühen Morgenstunden schon auf. Ihre geistige Überaktivität kann zu Depression und Erschöpfung sowie Konzentrationsmangel führen.

Mit der Einnahme von White Chestnut begeben Sie sich auf den Weg der Besserung. Sie werden ruhiger werden und wieder mehr Kontrolle über Ihre Gedanken haben. Sie werden wieder logisch denken können. Dann können Sie damit beginnen, Ihren vollgestopften Geist zu klären, das Wichtige vom Unwichtigen zu trennen und Prioritäten zu setzen. Es ist wie beim Aufräumen eines Schranks. Sie werden erstaunt sein, wie viel Platz Sie plötzlich haben, wenn Sie entsprechend entrümpeln.

Sobald Sie erfolgreich aufgeräumt haben, werden Sie auch kein Gefangener Ihrer eigenen Gedankengänge mehr sein. Allmählich gelangen Sie zu dem Zustand, in dem Sie sich im Frieden mit sich selbst und der Welt fühlen werden. Sie werden nicht nur in der Lage sein, Ihre Fantasie in Zaum zu halten, sondern Sie werden auch erkennen, wie Sie sie positiv einsetzen können. Darüber hinaus haben Sie Ihre frühere geistige und körperliche Energie wiedererlangt.

Der negative Zustand

Der negative **White-Chestnut**-Zustand ist durch geistige Überaktivität und ständig wiederkehrende Gedanken geprägt.

Depression

Mustard hilft Ihnen bei Depressionen, die immer wieder plötzlich auftauchen.

MUSTARD

Wenn Sie unter plötzlich auftauchenden Depressionen leiden, die sich wie eine dunkle Wolke über sie senken, sodass kein Sonnenstrahl mehr durchdringt, dann kann Ihnen Mustard helfen. Wenn der Zustand anhält, werden Sie in völlige Verzweiflung versinken, vor allem da Sie keinen äußeren Grund für Ihre tiefe Traurigkeit ausmachen können. Eine Mustard-Depression taucht ohne Grund auf. Und sie kann sich ebenso schnell verziehen, wie sie gekommen ist. Manchmal dauert sie Tage, manchmal sogar Wochen oder Monate an und sie kehrt immer wieder. Das Mittel stärkt Freude und Entschlossenheit und vertreibt damit die dunklen Wolken. Edward Bach stellte fest: „Dieses Mittel vertreibt die düstere Stimmung und bringt Freude ins Leben."

Behandlung

Bach behandelte plötzliche Depressionen mit Wild Mustard (Wilder Senf).

Informationen

BOTANISCHER NAME
Sinapis arvensis (Wilder Senf, Ackersenf)

VORKOMMEN
Wiesen, Felder und Straßenböschungen

PFLANZENBESCHREIBUNG
Wild Mustard oder Wilder Senf ist eine einjährige, aufgrund ihrer leuchtend gelben Blüten eindeutig identifizierbare Pflanze, die vom Spätfrühling bis zum Hochsommer blüht. Die Blüten sehen zunächst wie kurze Stacheln aus, die sich dann schnell zu Schoten entwickeln. Der Pflanzenstängel ist mit rauen, kurzen Haaren bedeckt.

ZUBEREITUNG
Kochmethode. Die Blütenköpfe werden oberhalb der welken Blüten und Samenkapseln abgeschnitten.

ANWENDUNG
Gefühle intensiver Traurigkeit, Melancholie, Depression und Verzweiflung, die einen ohne jeden offensichtlichen Grund überfallen und ebenso schnell wieder verschwinden könnnen.

WAS DIE BEHANDLUNG BEWIRKEN KANN
Lang anhaltende Stabilität, anhaltendes Glück und Ausgeglichenheit, eine innere Ruhe, die unerschütterlich scheint. Menschen, die das Mittel genommen haben, berichten, dass sie sich danach fühlten, als ob sie langsam aus einem düsteren, schweren Traum erwachten und die ersten Schritte ins Licht täten.

Sammeln
Sie müssen die Blüten pflücken, bevor sich die Samenkapseln bilden, was meist kurz nach der Blüte passiert.

Das Mittel Mustard

Licht und Freude
Mustard vertreibt die Wolken einer plötzlichen Depression.

Wenn Sie unter Depressionen, düsteren Stimmungen und Niedergeschlagenheit leiden – und das ohne ersichtlichen Grund –, befinden Sie sich in einem negativen Mustard-Zustand und Sie müssen sofort etwas dagegen unternehmen. Es handelt sich um eine Stimmung, die nicht nur Sie persönlich sehr verunsichert, auch Ihre Familie und Ihre Freunde sind von Ihrer ausgeprägten Schwermut betroffen. Ein Mensch, der unter einem Mustard-Zustand leidet, kann an den Rand der völligen Verzweiflung geraten, ohne in der Lage zu sein, an heitere Dinge zu denken. Nichts scheint sich mehr zu lohnen – alles scheint völlig hoffnungslos zu sein.

Extreme Verzweiflung

Wenn Sie einen voll ausgebildeten Mustard-Anfall erleiden, wird Ihnen das Leben unsagbar schrecklich erscheinen. In diesem Zustand ist man auch nicht mehr in der Lage, tapfer zu sein und anderen etwas vorzuspielen, anders als beispielsweise in einem negativen Agrimony-Zustand.

Winston Churchill, der ebenfalls unter diesen schwermütigen Stimmungen litt, nannte diesen Zustand den „schwarzen Hund" der Verzweiflung. Wenn dieser die Herrschaft übernimmt, sind Sie von Ihrer Umwelt und ihren Mitmenschen abgeschnitten. Sie fühlen sich völlig allein mit ihrem Leiden.

Noch schlimmer ist, wie Edward Bach selbst schreibt, dass „man keinen Grund und keine Erklärung für diese

Anfälle findet". Das geht soweit, dass der negative Mustard-Zustand den Menschen plötzlich aus heiterem Himmel überfallen kann, selbst wenn die äußeren Umstände dagegen sprechen. Das unterscheidet ihn vom negativen Gentian-Zustand, der von Zweifel und Entmutigung geprägt ist, oder von der für Gorse typischen Hoffnungslosigkeit. Im negativen Mustard-Zustand ist kein Licht am Ende des Tunnels. Die Depression kann zwar so schnell verschwinden, wie sie gekommen ist, lähmt den Betroffenen aber völlig.

Die Mustard-Tropfen helfen Ihnen, die düsteren Wolken zu vertreiben, die Sie erdrücken. Damit werden die Auswirkungen von Melancholie und Depression, beides typische Begleiterscheinungen des negativen Mustard-Zustandes, gelindert. Langfristig erreichen Sie innere Stabilität und Ruhe.

Der negative Zustand

Der negative **Mustard**-Zustand ist durch eine Depression geprägt, für die es keine vernünftigen Gründe gibt.

Fehler wiederholen

Der Wecker klingelt und Sie sind wieder zu spät dran. Chestnut Bud hilft Ihnen, wenn Sie aus Erfahrungen lernen möchten.

CHESTNUT BUD

Wenn Sie zu den Menschen gehören, die in ihrem Leben scheinbar nie aus Erfahrungen lernen – weder aus den eigenen noch aus denen anderer –, kann Ihnen Chestnut Bud helfen. Wie Edward Bach schreibt, „soll diese Medizin uns helfen, aus unseren täglichen Erfahrungen zu lernen und uns und unsere Fehler so zu sehen, wie andere das tun". Mithilfe von Chestnut Bud können Sie Ihre scheinbare Unfähigkeit, aus Erfahrungen und Fehlern zu lernen, hinter sich lassen. Sie werden statt dessen in der Lage sein, das, was das Leben zu lehren hat, zu erkennen und für sich zu nutzen. Die Alternative besteht darin, immer wieder die gleichen Fehler zu machen, ohne in der Lage zu sein, aus ihnen für die Zukunft zu lernen.

Knospen

Die Knospen beginnen im frühen Frühjahr zu schwellen, ab der Frühlingsmitte können sie dann gesammelt werden.

Informationen

Botanischer Name
Aesculus hippocastanum (Rosskastanie)

Vorkommen
Wälder

Pflanzenbeschreibung
Die Bachblüte Chestnut Bud wird aus den Knospen der weißblühenden Rosskastanie hergestellt. Halten Sie Mitte oder Ende des Frühjahrs Ausschau nach den großen, klebrigen, glänzenden Knospen des Baumes. Sobald sie anzuschwellen beginnen, können sie gesammelt werden. Zu Beginn des Anschwellens sind die zusammengefalteten Blätter an der Spitze mit Flaum bedeckt, der später wieder abgelegt wird.

Zubereitung
Kochmethode. Sammeln Sie die Knospen mit etwa 15 Zentimeter langen Zweigen.

Anwendung
Selbst aus wiederholten Erfahrungen nur langsam lernen, immer wieder dieselben Fehler machen, keine Lehren aus seinen Erfahrungen ziehen, nicht aus den Erfahrungen anderer lernen können; die Lektionen, die die Vergangenheit erteilt, nicht befolgen.

Was die Behandlung bewirken kann
Das Mittel kann Ihnen die Fähigkeit verleihen, Ereignisse, Tun und Verhalten in der Vergangenheit analysieren und daraus lernen zu können. Es wird Ihnen auch dabei helfen, einen Schritt zurückzutreten und die Dinge aus einer anderen Perspektive einzuschätzen sowie die eigenen Erfahrungen und die anderer objektiv zu betrachten.

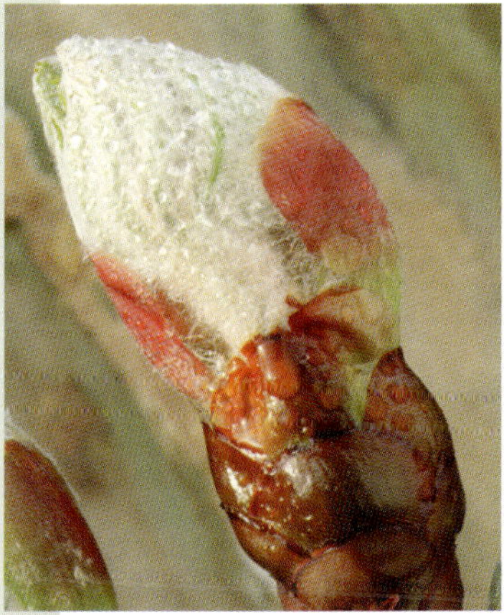

Sammeln
Die Rosskastanienknospen können gesammelt werden, sobald die Blätter ihren Flaum abwerfen.

Das Mittel Chestnut Bud

Lebensschule
Chestnut Bud hilft Ihnen, aus den Erfahrungen des Lebens zu lernen.

Das Mittel wird vom gleichen Baum gewonnen wie White Chestnut. Es handelt sich bei dieser Pflanze um die Weiße Rosskastanie. Chestnut Bud wird aus den klebrigen Knospen gewonnen, die in der Mitte des Frühjahrs geerntet werden, wenn sie sich gerade zu öffnen beginnen. Das Mittel kann Ihnen helfen, wenn es Ihnen, wie auch vielen anderen Menschen, schwer fällt, aus Erfahrungen zu lernen. Möglicherweise kaufen Sie immer wieder Kleidungsstücke, die Ihnen – und das wissen Sie genau – gar nicht stehen, sodass ein unnützes Kleidungsstück nach dem anderen Ihren Kleiderschrank füllt und dort verstaubt. Solange Sie nicht in der Lage sind zu erkennen, dass es aus der Vergangenheit etwas Sinnvolles zu lernen gibt, werden solche Verhaltensweisen sich nie ändern. Sie werden immer so weitermachen, wider besseres Wissen. Es scheint so, als ob Sie Ihre Erfahrungen nicht richtig verarbeiten könnten, sodass Sie nie wirklich aus ihnen lernen können. Außerdem scheinen Sie es auch nicht für wichtig zu halten, aus den Erfahrungen anderer zu lernen.

Auf der Suche nach Einsicht

Einige dieser Verhaltensweisen können auf einem Mangel an Einsicht beruhen, sodass möglicherweise eher ein ehrlicher Freund Sie darauf aufmerksam macht, dass Sie hier Hilfe benötigen, als dass Sie selbst dies erkennen. Sie können sich unterstützen, indem Sie sich vornehmen, aus jeder Erfahrung etwas

Neues zu lernen. Es hilft, sich jeden Abend Zeit zu nehmen, um über die Tageserlebnisse nachzudenken und darüber, was man daraus lernen kann.

Mithilfe des Mittels werden Sie in der Lage sein, sich die Konsequenzen Ihres Handelns besser klarzumachen. Es hilft Ihnen beim Wachstum Ihrer Persönlichkeit. Tatsächlich werden Sie aufgrund der wachsenden Fähigkeit zu beobachten und zu lernen – auch von anderen – mehr Wissen, Weisheit und Einsicht erlangen. Sie werden die Dinge zunächst nicht mehr falsch beurteilen. Ganz allmählich werden Sie bemerken, wie Ihre Lernfähigkeit zunimmt. Damit wird die spirituelle und emotionale Entwicklung gefördert. Chestnut Bud kann ein sehr starkes Mittel sein, wenn unsere Entwicklung stockt. Es hilft uns, innerlich zu wachsen und so das Optimale aus dem Leben zu machen.

Der negative Zustand

Der negative **Chestnut-Bud**-Zustand ist durch die Unfähigkeit aus Fehlern zu lernen und deren ständige Wiederholung gekennzeichnet.

DIE MITTEL IN DER PRAXIS

Mittlerweile konnten Sie nicht nur feststellen, wie wunderbar einfach das Bachblütensystem ist, Sie haben auch gesehen, wie unkompliziert sich die Grundsätze erfolgreich in der Praxis anwenden lassen. Sie sollten dabei jedoch immer daran denken, dass nach Bach „die Seele der empfindlichste Teil unseres Körpers ist und damit der beste Führer, wenn es darum geht, die richtige Medizin zu finden". Bis zu diesem Kapitel haben Sie gelernt, wie die 38 Mittel, die Edward Bach in der Natur entdeckte, zusammenarbeiten und wie man mit der richtigen Kombination der Mittel nahezu jedem Problem begegnen kann.

Fallbeispiel

Alison war mit ihrem Aussehen völlig unzufrieden. Sie machte permanent Diäten und fiel danach wieder in alte Muster zurück, wobei sie das in der Diät verlorene Gewicht jeweils wieder zulegte. Seit dem Tod ihrer Mutter war sie zudem extrem ruhelos, verletzbar und unfähig sich zu entspannen.

Impatiens sollte in Kombination mit **Vervain**, **Crab Apple**, **Rock Water**, **Clematis**, **Honeysuckle** und **Star of Bethlehem** Alisons Ruhelosigkeit, Unkonzentriertheit und allgemeine Ungeduld lindern. **Star of Bethlehem** sollte speziell gegen den Schock durch den Verlust der Mutter helfen. Später wurden **Honeysuckle** und **Star of Bethlehem** gegen **White Chestnut** und **Beech** ausgetauscht.

Nach der allmählichen Besserung des Befindens wurde die Mittelauswahl entsprechend angepasst. Die Beifügung von **Scleranthus** sollte ihr helfen, besser mit ihren Stimmungsschwankungen umzugehen. Sie fühlte sich bald besser und ernährte sich auch gesünder.

Fallbeispiel

Nick litt seit einem Jahr an einem sich verstärkenden, völligen physischen und geistig-seelischen Energiemangel – so ausgeprägt, dass sein Alltag stark beeinträchtigt war.

Hier war **Olive** das offensichtliche Mittel der Wahl und wirkte auch sofort. Danach war es möglich, sich näher mit Nicks geistig-seelischem Zustand zu beschäftigen. Eine Reihe von Enttäuschungen im Beruf hatten ihn zornig, frustriert und niedergeschlagen gemacht. Sein Heilpraktiker gab ihm nun zusätzlich **Walnut**, **Vervain**, **White Chestnut**, **Willow**, **Star of Bethlehem** und **Vine**. Nach der Besserung seines Befindens nahm er nur noch **Vine**, **Walnut**, **Olive** und **Willow**.

Fallbeispiel

Bianca litt an einer akuten Depression, die vor allem dadurch ausgelöst war, dass sie sich für unattraktiv und beziehungsunfähig hielt. Sie regte sich schnell auf, vor allem nachdem sie von ihrem Freund verlassen wurde.

Star of Bethlehem sollte Bianca dabei helfen, mit dem Schock durch das Ende der Beziehung fertig zu werden. Zusätzlich erhielt sie **Chestnut Bud**, da dieses Problem nicht zum ersten Mal auftauchte. **Elm** sollte ihr wieder mehr Vertrauen geben, **Gentian** dabei helfen, die Entmutigung zu überwinden, und **Red Chestnut** dabei, sich abzunabeln.

Auf **Star of Bethlehem**, **Elm** und **Gentian** konnte schließlich verzichtet werden, statt dessen erhielt sie nun **Centaury**, **Willow** und **Larch**. Nach und nach war sie in der Lage, ihre Probleme zu überwinden.

Mittel bei Einsamkeit

Ängstlich
Heather hilft bei Einsamkeitsgefühlen, von denen man sich durch Freunde ablenkt.

Edward Bach definierte drei Formen der Einsamkeit, die er als eigene Kategorien in sein System integrierte. Sie unterscheiden sich deutlich voneinander.

Water-Violet-Menschen sind beispielsweise glücklich, wenn sie allein sein dürfen, da sie über große Reserven inneren Friedens und Ernsthaftigkeit verfügen. Das macht sie selbstsicher – sie sind in der Lage, unabhängig ihren eigenen Weg zu gehen. Selbstverständlich fiele es ihnen nicht im Traum ein, andere mit ihren Problemen zu belästigen. Sie sind ruhige und fähige Menschen, aber reserviert. Jedoch fühlen sie sich anderen oft überlegen, bis hin zu Stolz und Distanziertheit.

Auch Impatiens-Menschen neigen dazu, allein zu sein. Sie halten Abstand zu anderen, um die Dinge, die sie tun müssen, schneller zu erledigen, ohne Einmischung von außen. Edward Bach sagte von ihnen, dass sie „oft lieber alleine denken und arbeiten, damit sie es in ihrem eigenen Rhythmus tun können" und auf ihre eigene Art. Sie sind intelligent, fähig und schnell im Denken, neigen allerdings dazu, ungeduldig und schnell irritiert in Bezug auf andere zu sein. Sie können nicht anerkennen, dass auch andere etwas Sinnvolles beizutragen haben. Diese sind vielleicht langsamer, könnten jedoch methodischer vorgehen als der Impatiens-Typ.

Gesellschaft suchen

Heather-Menschen dagegen sind das komplette Gegenteil. Edward Bach beschrieb sie als Menschen, die „immer auf der Suche nach Gesellschaft sind, da sie den Drang verspüren, ihre Angelegenheiten ständig mit anderen zu besprechen, egal mit wem. Sie sind sehr unglücklich, wenn sie länngere Zeit allein sein müssen."

Heather-Menschen leiden unter einer extremen Angst vor dem Alleinsein, und wenn man sie lässt, erzählen sie einem sofort nach dem Kennenlernen ihr ganzes Leben. Dieser Zustand kann sehr egoistisch sein. Menschen im negativen Heather-Zustand könnnen einem stundenlang Geschichten aus ihrem Leben erzählen – Edward Bach gab ihnen den Spitznamen „Plaudertaschen" – sie scheinen unfähig zu sein, zuzuhören und aus dem zu lernen, was andere ihnen zu sagen haben.

Reservierte Distanz
Water Violet hilft Ihnen, wenn Sie sich in sich selbst zurückgezogen haben und lieber alleine sind als mit anderen zusammen.

WATER VIOLET

Wenn Sie ein ruhiges, distanziertes und reserviertes Wesen haben, mit einer Tendenz, sich in sich selbst zurückzuziehen, vor allem wenn Sie sehr häufig Zeit mit sich allein verbringen, sind Sie ein klassischer Water-Violet-Typ. Sie sind extrem unabhängig und neigen dazu, sich in Ihre eigenen Aktivitäten zu vertiefen. Sie genießen es, frei Ihren eigenen Interessen und Zielen folgen zu können. Manchmal können Sie stolz erscheinen und andere können Sie für überheblich halten. Water Violet hilft Ihnen dabei, Ihr inneres Feingefühl zu stärken, sodass Sie die anderen bewusster wahrnehmen und leichter Erlebnisse mit ihnen teilen können.

Sammeln.
Das Sammeln von Water Violet ist schwierig, da die Pflanze im Wasser wächst.

Informationen

Botanischer Name
Hottonia palustris (Wasserfeder)

Vorkommen
Langsam fließende oder stehende Gewässer, Tümpel und Gräben

Pflanzenbeschreibung
Water Violet, die Wasserfeder, wächst tatsächlich im Wasser. Sie ist deshalb schwer zu sammeln. Die kleinen, zarten Blüten blühen, abhängig von der Witterung, vom Spätfrühling bis zum Frühsommer. Sie sind in Quirlen übereinander um einen blattlosen Stiel angeordnet. Die Blätter der Pflanze bleiben unter der Wasseroberfläche verborgen.

Zubereitung
Sonnenmethode

Anwendung
Wunsch, sich von Zeit zu Zeit völlig vom Leben zurückzuziehen, um nur für sich zu sein und seine eigene Gesellschaft zu genießen; sich anderen überlegen, jedoch gleichzeitig isoliert und einsam fühlen, da andere die Reserviertheit als Hochnäsigkeit oder Überheblichkeit ansehen.

Was die Behandlung bewirken kann
Das Mittel wird Ihnen helfen, zufriedener mit sich zu sein, sicher in dem Wissen, dass Sie Ihr Leben im allgemeinen gut im Griff haben. Es wird Sie ermutigen, sich anderen gegenüber mehr zu öffnen, sodass Sie als ausgeglichenes und unabhängiges Individuum wahrgenommen werden. Sie werden als kluger Ratgeber gesehen werden, der fähig ist eine positive Atmosphäre der Ruhe, Gelassenheit und des Vertrauens herzustellen.

Blüten
Water-Violet-Blüten sind unverwechselbar. Die Blütenblätter stehen rund um die auffallende Blütenmitte.

Das Mittel Water Violet

Isolation
Water Violet hilft Grenzen zu überwinden und beendet die Isolation.

Nach Edward Bach wiegen die positiven Eigenschaften von Water-Violet-Typen die negativen bei weitem auf. „Solche Menschen", schreibt er, „sind häufig intelligent und talentiert. Ihr innerer Frieden und ihre Ruhe sind ein Segen für die Menschen in ihrer Umgebung." Sie setzen ihre ganzen Fähigkeiten im Dienst der anderen ein, sind „ruhig, einfühlsam, weise, gute Berater, mit Haltung und Würde, die elegant durchs Leben schreiten". Genau wie die Pflanze, die Sumpfwasserfeder, sind Water-Violet-Menschen stolz, groß und unabhängig. Sie neigen zu Zurückhaltung; selbst wenn sie jemandem raten, werden sie sich nie einmischen oder versuchen, andere zu beeinflussen. Die Balance zwischen positiven und negativen Kräften kann jedoch schwierig sein, was vor allem in ihren Beziehungen offensichtlich wird.

Im Schneckenhaus

Wenn Sie sich in einem negativen Water-Violet-Zustand befinden, fällt es Ihnen sehr leicht, sich in sich selbst zurückzuziehen. Sie schließen sich in einer Art selbst gewählter Isolation von der Gesellschaft aus, möglicherweise ziehen Sie auch einfach ihre eigene Gesellschaft der der anderen vor.

Wenn Sie sich so verhalten, können andere Menschen dies negativ wahrnehmen. Sie könnten daraus schließen, dass Sie reserviert, distanziert und unnahbar sind, denn Sie machen es den Menschen nicht sehr leicht, an Sie heranzukommen und Ihre Mauern zu überwinden. Möglicherweise fällt es anderen schwer, einen Anhaltspunkt zur Kontaktaufnahme zu finden, der eine Art von Beziehung zulässt. Mit den Worten von Greta Garbo gesagt: Sie „wollen allein sein".

Sie könnten sich trotz Ihres starken Selbstbewusstseins isoliert und einsam fühlen, wenn dieser Zustand länger anhält. Vielleicht stellen Sie auch fest, dass Sie darüber hinaus mental nicht mehr flexibel sind. Hier hilft Ihnen das Mittel, die negativen Water-Violet-Eigenschaften aufzulösen und die positiven zum Zuge kommen zu lassen. Es hilft Ihnen, Beziehungen zu anderen aufzubauen sowie insgesamt offener zu werden. Statt distanziert zu sein, werden Sie positive Gefühle wecken und die Fähigkeit entwickeln, andere mit Ihrer Würde, Weisheit und ruhigen Selbstsicherheit zu inspirieren.

Der negative Zustand

Der negative **Water-Violet**-Zustand ist durch einen bewussten Rückzug von anderen und selbst gewählte Distanziertheit geprägt.

Irritiertheit
Sich von anderen irritiert zu fühlen, zeigt, dass man Impatiens benötigt.

IMPATIENS

Das Stimmungsmittel Impatiens kann für viele Zwecke eingesetzt werden. Bach empfahl seinen Einsatz „in allen Fällen, in denen Ungeduld vorherrscht". Er stellte fest, dass „die Ruhe, die dieses Mittel bringt, die Rekonvaleszenz beschleunigt". Er machte es wegen seiner beruhigenden Wirkung sogar zu einem Bestandteil seiner Rescue-Remedy-Tropfen. Impatiens ist auch das angebrachte Mittel, wenn Ihre Fähigkeit zu schnellem Denken Sie dazu führt, andere für dumm und langsam zu halten. Ihre Anspannung steigt bis zu einem Punkt, an dem Sie es zunehmend schwer finden, den Dingen genug Zeit zu lassen. Sie ärgern sich schnell und werden schroff und brüsk anderen gegenüber. Das Mittel hilft Ihnen, Geduld und Verständnis wiederzufinden und ruhig zu werden. Sie gewinnen Ihre Haltung zurück.

Farbe
Impatiens kommt in verschiedenen Farbschattierungen von blassem Mauve bis zu Karmesinrot vor. Die Pflanze wächst an Flussufern.

Informationen

BOTANISCHER NAME
Impatiens glandulifera (Indisches Springkraut)

VORKOMMEN
Flussufer, feuchte Niederungen

PFLANZENBESCHREIBUNG
Impatiens wird bis zu 1,8 Meter hoch. Die blass-hellvioletten bis rötlich-karmesinroten Blüten blühen vom Hochsommer bis zum Frühherbst. Die Blüten stehen in gestielten, kurzen Quirlen in Gruppen zwischen den oberen Blättern.

ZUBEREITUNG
Sonnenmethode. Nur die blass-hellvioletten Blüten sollten benutzt werden.

ANWENDUNG
Bei allen Arten von Ungeduld; bei Unfähigkeit, Begriffsstutzigkeit geduldig zu ertragen oder anderen die Chance zu geben, sich zu beweisen; Impulsivität, die an Rücksichtslosigkeit grenzt; Ausbrüche schlechter Laune, die genauso schnell verschwindet, wie sie auftaucht.

WAS DIE BEHANDLUNG BEWIRKEN KANN
Ihre rasche Auffassungsgabe wird bleiben, das Mittel wird Ihnen jedoch dabei helfen, Einfühlungsvermögen zu entwickeln und deshalb Ihre Gaben mit mehr Rücksicht für das allgemeine Wohl einzusetzen, statt alles in die eigene Hand zu nehmen und übereilte Entscheidungen zu treffen. Sie werden Geduld und die Fähigkeit entwickeln, die Ansichten und Bedürfnisse anderer zu verstehen.

Blüten
Die Blütenfarbe variiert. Für das Heilmittel sind nur die blassesten Blüten geeignet.

Das Mittel Impatiens

Ruhig werden
Impatiens hilft uns gegen Irritation und Ungeduld.

Sind Sie ein Workaholic, der am liebsten allein arbeitet, weil so Ihrer Ansicht nach die Dinge am schnellsten erledigt werden? Falls diese Beschreibung auf Sie zutrifft, besteht die Gefahr, dass Sie sich in einem negativen Impatiens-Zustand befinden. Dann sollten Sie schnell mit einer Impatiens-Behandlung beginnen. Damit können Sie Ihre Unfähigkeit zu delegieren und Ihre Neigung, alles selbst zu machen, bekämpfen. Möglicherweise sind Sie auch so von Ihrer Arbeit besessen, dass keine Zeit mehr für andere Dinge vorhanden ist, und sind dabei ungeduldig und misstrauisch anderen gegenüber. Aus diesem Grund sind Sie einsam – Sie leiden unter der Art von Einsamkeit, die man an der Spitze stehend empfinden kann oder als Marathonläufer beim Versuch, der Beste zu werden.

Den Zustand erkennen

Menschen im negativen Impatiens-Zustand kann man meist sehr leicht erkennen, denn diese Menschen sind in der Regel extrovertiert und offen. Wenn sie sich nicht verbal offenbaren, tun sie es mit ihrer Körpersprache. Sie trommeln beispielsweise nervös mit dem Finger auf der Tischplatte oder schauen ständig auf die Uhr, vor allem, wenn jemand mit ihnen spricht.

Grundsätzlich gilt, dass Impatiens-Menschen eine schnelle Auffassungsgabe haben und schnell handeln. Sie sind außerdem äußerst unabhängig. Sie können sich manchmal bis an die Grenzen ihrer Leistungsfähigkeit zwingen. Dann neigen Sie zu körperlicher und geistig-seelischer Erschöpfung, falls es

ihnen nicht gelingt, innezuhalten und sich Ruhe und Entspannung zu gönnen. Das Impatiens-Mittel wirkt beruhigend. Aus diesem Grund hat Bach es auch zum Bestandteil seiner Rescue-Remedy-Tropfen gemacht (siehe S. 214–217). Die Einnahme von Impatiens als Stimmungsmittel ist angebracht, sobald Sie in einen solchen Zustand geraten, selbst für kurze Zeit. Falls Sie ein Impatiens-Typ sind und sich in einem negativen Impatiens-Zustand befinden, sollten Sie es unbedingt einnehmen. Das Mittel wird Sie auf jeden Fall geduldiger und toleranter anderen gegenüber machen und es hilft Ihnen, ruhiger und gelassener zu werden.

Es wird Ihnen außerdem dabei helfen, statt nur mit Ihrem Kopf auch mit Ihrem Herzen zu denken. Sie werden erkennen, wie schön das Leben sein kann, wenn Sie gelassener sind.

Der negative Zustand

Der negative **Impatiens**-Zustand ist durch den Drang, alles schnell zu erledigen, gekennzeichnet.

Selbstbezogenheit
Heather-Typen denken meist nur an sich selbst und sind oft blind gegenüber anderen.

HEATHER

Wenn Sie jemals auf einer Party an einen Menschen geraten sind, der Ihnen ohne Unterbrechung stundenlang alles über sich selbst erzählte und Sie dabei kaum zu Wort kommen ließ, dann haben Sie jemanden in einem negativen Heather-Zustand kennen gelernt. Heather-Menschen benötigen ständig ein Publikum. Sie sehnen sich aus Angst vor dem Alleinsein nach Zuwendung. Leider bringt ihre zwanghafte Beschäftigung mit sich selbst andere dazu, sich von ihnen abzuwenden. Damit sind sie genau der Isolation und Einsamkeit ausgesetzt, vor der sie sich so fürchten. Das Mittel Heather hilft, die Dinge in die richtige Beziehung zu setzen. Die Betroffenen werden offener gegenüber anderen und weniger selbstbezogen.

Blüte
Schottische Heide blüht vom Hochsommer bis zum Frühherbst.

Informationen

Botanischer Name
Calluna vulgaris (Heidekraut)

Vorkommen
Heiden und Moore

Pflanzenbeschreibung
Das Mittel wird nur aus *C. vulgaris* gewonnen – nicht mit den rotblühenden Arten der Heidepflanze *Erica* verwechseln. Halten Sie Ausschau nach mauve-pink – manchmal auch weiß – gefärbten Blüten zwischen spitzen Blättern, die dachziegelartig an den Zweigen anliegen.

Zubereitung
Sonnenmethode. Nutzen Sie die eben erblühten Zweige und Blätter, keine verwelkten oder verblassten Blüten.

Anwendung
Exzessive Selbstbezogenheit, zwanghaftes Verlangen über sich selbst zu sprechen; neigt dazu, andere zu langweilen, schlechter Zuhörer, Angst vor dem Alleinsein.

Was die Behandlung bewirken kann
Das Mittel wird Ihnen helfen, auf den Punkt zu kommen und leeres Gerede zu vermeiden. Es wird Ihnen auch helfen, nicht nur um sich selbst zu kreisen. Sie werden wieder fähig sein, Interesse für andere Menschen und das, was um Sie herum geschieht, zu empfinden.

Blüten
Die Blüten des Heidekrauts sind in belaubten Ähren angeordnet.

Das Mittel Heather

Einsamkeit
Heather-Menschen neigen zu Selbstbezogenheit. Das macht einsam.

Heather-Menschen laufen Gefahr, zwanghaft zu werden. Im negativen Heather-Zustand beschäftigen sie sich ausschließlich mit sich selbst und ihren persönlichen Problemen. Darüber könnnen sie nahezu ohne Atempause stundenlang reden.

In extremen Fällen ziehen sie sogar völlig Fremde mit hinein – Heather-Menschen können den nicht kontrollierbaren Zwang empfinden, all ihre Probleme bei anderen abzuladen. Dieses Verhalten kann jedoch den Aufbau von Beziehungen zu anderen und das Führen einer Beziehung sehr beeinträchtigen. Heather-Menschen stellen immer wieder fest, dass sie gemieden werden, sobald sich herumgesprochen hat, wie langweilig sie sind. Damit wird ihre Angst vor dem Alleinsein, eines ihrer Hauptprobleme, weiter geschürt.

Geben statt nehmen lernen

Auf den Punkt gebracht müssen Heather-Menschen ihre Fähigkeit zu geben entwickeln. Im positiven Heather-Zustand sind Sie ein genauso guter Zuhörer wie Erzähler. Sie werden sich in andere einfühlen können und damit deren Probleme genauso ernst wie Ihre eigenen nehmen können.

Außerdem werden Sie an Selbstsicherheit gewinnen, was Sie wiederum dazu befähigt, eine Atmosphäre zu schaffen, die es anderen leicht macht, sich wohl zu fühlen, statt sie abzuschrecken, sobald Sie sich Ihnen auch nur nähern. Sie werden außerdem feststellen, dass Sie Erfahrungen für sich nutzen können, denn nun wissen Sie, wie wichtig es ist, anderen zuzuhören und helfen zu können. Dank dieser neu erworbenen Selbstlosigkeit werden Sie neue Freunde gewinnen und vielleicht auch alte zurückgewinnen, die schon angefangen hatten, Sie zu meiden.

Heather wird jedoch nicht nur als Heilmittel für einen bestimmten, wie oben beschriebenen Typ, eingesetzt. Man kann es auch als Stimmungsmittel geben. Jeder Mensch kann im Laufe seines Lebens in einen negativen Heather-Zustand geraten. In diesem Zustand können Probleme und Schwierigkeiten sich völlig verselbstständigen, bis zu einem Punkt, an dem man scheinbar keine Kontrolle mehr hat und einfach darüber reden muss.

Heather hilft in solchen Fällen sehr schnell, die Dinge wieder ins richtige Lot zu bringen. Es hilft Ihnen, egoistische Sorgen als solche zu identifizieren und sie hinter sich zu lassen.

Der negative Zustand

Der negative **Heather**-Zustand ist durch den Drang, obsessiv über sich selbst und seine Probleme zu sprechen, gekennzeichnet.

FRAGEN & ANTWORTEN

Edward Bach beschreibt in *The Twelve Healers and Four Helpers* das Typische der Bachblütentherapie: „Als Heilpflanzen der Natur behandeln sie unsere Natur. … Krankheit kann uns nur deshalb befallen, weil in unserer Natur etwas nicht stimmt. Und diese Unstimmigkeit wird von den Heilpflanzen korrigiert und deshalb heilen sie nicht nur unseren Körper, sondern machen uns in jeder Weise gesünder und glücklicher und bringen Freude in unser Leben." Viele Schulmediziner halten die mögliche Wirkung immer noch bestenfalls für einen Placebo-Effekt. Mit diesem Thema beschäftigt sich dieses Kapitel.

F Als ich meiner Ärztin sagte, dass ich Bachblüten einnehme, griff sie diese sofort an. Sie sagte: „Wir wissen nicht, was sie in diese Drogen hineinmischen." und: „Im günstigsten Fall handelt es sich um Placebos." Können Sie mich beruhigen? Ist es ungefährlich sie einzunehmen?

A *Die Erfahrungen zeigen, dass die Bachblüten völlig ungefährlich sind. Sie werden seit über 60 Jahren erfolgreich ohne negative Folgen und zum Nutzen der Patienten eingesetzt. Chemische Analysen der Fläschchen zeigen, dass es sich beim Inhalt nur um Alkohol und Wasser handelt. (Die wirksamen Zutaten, die Lebensessenz der Pflanzen, lassen sich mit chemischen Standardverfahren nicht nachweisen.) Es gibt auch kein Geheimnis bezüglich des Inhalts. Jedes Fläschchen enthält die Essenz der Pflanze, die auf dem Etikett steht, dazu kommen Alkohol und Wasser – und sonst nichts. Es handelt sich nicht um Drogen.*

F Ich fliege in Kürze nach Australien. Gibt es Bachblüten, die den Jet Lag verhindern oder die Symptome lindern können?

A *Walnut kann helfen sich an Veränderungen schneller anzupassen, zusammen mit Olive gegen die Müdigkeit. Entsprechend Ihrem Gefühlszustand vor und nach dem Flug können Sie andere Bachblüten zugeben, etwa Mimulus gegen Flugangst.*

F Gibt es Beispiele erfolgreicher Behandlungen von Allergien – oder der möglichen spirituellen Grundlagen, die sie bedingen – mit Bachbluten?

A *Grundsätzlich sollten Sie an die Behandlung von Allergien genauso herangehen wie an andere Krankheiten. Sie müssen sich eher die betroffene Person und ihren seelischen Zustand ansehen, als das körperliche Problem.*

F Können Bachblüten beim Abnehmen helfen?

A *Nein, es gibt keine spezielle Bachblüte zur Gewichtsreduzierung. Ein Heilpraktiker würde die Gefühle behandeln, die mit dem Übergewicht einhergehen. Crab Apple hilft etwa gegen ein schwaches Selbstbild, Gentian, wenn man mit dem Erfolg der Diät unzufrieden ist, Impatiens verhilft zu Geduld während der Diät.*

F Können Sie mir sagen, welche Bachblüten gegen Angst und Panikanfälle helfen?

A *Hier setzt man vor allem Mimulus und Aspen ein, das Erstere gegen Ängste vor bekannten Dingen, das Zweite gegen diffuse Angstgefühle. Wenn Sie das Gefühl haben, dass beide Sorten Angst beteiligt sind, können Sie die beiden Mittel auch mischen.*

F Mische ich drei oder mehr Mittel zusammen in ein Fläschchen oder benötigt jedes Mittel sein eigenes Fläschchen?

A *Sie mischen die Mittel am besten zusammen in ein Fläschchen.*

Mittel bei Überempfindlichkeit

Liebe
Holly ist die Bachblüte der Liebe und wirkt gegen Hass.

Edward Bach verstand unter „Überempfindlichkeit" die Neigung, sehr empfindlich auf „Einflüsse und Ideen" zu reagieren. Er entdeckte vier Bachblüten, die gegen diese Zustände wirksam sind: Agrimony, Holly, Centaury und Walnut. Agrimony ist angebracht, wenn Sie emotional schwer leiden, dabei jedoch nach außen tapfer wirken.

Hass und sein Gegenspieler

Wenn Sie jedoch unter negativen Gefühlen und Gedanken gegenüber anderen Menschen leiden, die Sie soweit treiben können, dass Sie Anfälle von Zorn, Eifersucht, Hass, Misstrauen und Rachegefühlen befürchten, dann ist Holly für Sie das Mittel, das Ihnen hilft mit diesen Gefühlen umzugehen.

Sich darüber bewusst zu sein, weshalb man ein Mittel einnimmt, trägt seinen Teil zur Heilung bei. Es hilft Ihnen dabei, mehr über sich selbst, Ihre Stärken und Schwächen zu erfahren. Damit können Sie sich auf eine Änderung hin zum Positiven vorbereiten. Sie werden beim Studium der Beschreibungen zu den einzelnen Mitteln schnell feststellen, welche Mittel am besten zu Ihnen passen. Allerdings muss man bei der Beschreibung der Seelenzustände genau hinsehen. Der mit Holly verbundene „Zorn" unterscheidet sich deutlich von ähnlichen Gefühlen, die bei anderen Mitteln auftauchen.

Servilität

Centaury kann helfen, wenn es Ihnen schwer fällt oder unmöglich ist, sich durchzusetzen, und Sie sich stets nach anderen richten. Dies ist ein Zustand der Servilität und Unterwürfigkeit, der in der extremsten Ausprägung zum Verlust des Selbstwertgefühls führen kann.

Walnut hilft Ihnen dabei, sich wieder auf Ihre Lebensziele zu besinnen, wenn Sie von äußeren Einflüssen verunsichert sind. Das Mittel macht es auch leichter, sich an fällige Veränderungen anzupassen. Es hilft etwa bei beruflichen Veränderungen oder anderen wichtigen Lebensphasen wie Schwangerschaft, Geburt eines Kindes oder Menopause.

Fröhliche Fassade
Typisch für den negativen Agrimony-Zustand ist die fröhliche Fassade trotz innerer Qualen.

AGRIMONY

Menschen, die ihre Gefühle hinter einer fröhlichen Fassade verbergen, befinden sich im negativen Agrimony-Zustand. Außenstehenden fällt es schwer, die dahinter liegenden Sorgen und Ängste zu entdecken. Edward Bach sagte: „Sie verstecken ihre Sorgen hinter ihrer Heiterkeit und ihrem Witz und werden als sehr gute Freunde betrachtet, die man vermeintlich gut kennt." Das Mittel hilft ihnen, die Dinge objektiver zu sehen.

Wuchsort
Agrimony wächst vor allem auf nicht bebautem Brachland.

Informationen

Botanischer Name
Agrimonia eupatoria (Kleiner Odermennig)

Vorkommen
Felder, Hecken und Brachland

Pflanzenbeschreibung
Die winzigen gelben Blüten von Agrimony blühen zwischen Juni und August. Jede Einzelblüte, die mit einem Stiel an der spitz zulaufenden Ähre sitzt, blüht nur kurze Zeit. Die Knospen öffnen sich von unten nach oben. Die Blätter der Pflanze sind oval und gezähnt und produzieren einen gelben Farbstoff.

Zubereitung
Sonnenmethode. Pflücken Sie die erblühte Ähre mit Endknospen oberhalb etwaiger verblühter Teile.

Anwendung
Verbergen von Sorgen hinter einer fröhlichen Fassade; unfähig, Schwierigkeiten, Ängste und Probleme mitzuteilen; das Alleinsein meiden, sich stattdessen in soziale Aktivitäten flüchten; bei Krankheit die Leiden herunterspielen.

Was die Behandlung bewirken kann
Agrimony hilft Ihnen, sich innerlich zu entspannen. Es verbessert Ihre Fähigkeit, mit Ihren Problemen effektiver zurechtzukommen. Es ist Ihr Schlüssel zu innerer Ruhe und innerem Frieden, sodass Sie die Welt mit wirklich guter Laune und friedvollem Gemüt betrachten können.

Blüten
Die Blüten öffnen sich nach und nach, die unteren zuerst.

Das Mittel Agrimony

Die Fassade
Die Agrimony-Fröhlichkeit soll die inneren Qualen verbergen.

Menschen, die Agrimony benötigen, haben zwei Gesichter – eine nach außen gewandte Fassade und ein privates Gesicht. Tief im Innern sind sie beunruhigt und werden von Ängsten gequält, die sie verbergen möchten, weniger vor den anderen als vor sich selbst. Oft handelt es sich um materielle Sorgen, wie etwa Angst vor Krankheit, finanziellen Schwierigkeiten und Problemen am Arbeitsplatz.

Im negativen Agrimony-Zustand scheinen Sie nach außen sorglos zu sein, unter der Oberfläche fällt es Ihnen aber zunehmend schwer, mit allem umzugehen. Sie leiden seelisch und geistig. Statt sich damit auseinanderzusetzen, lenken Sie sich jedoch ab.

Die Fassade

Je schwieriger alles wird, desto mehr versuchen Sie wahrscheinlich, nichts nach außen dringen zu lassen. Sie werden auch in äußerst qualvollen Situationen stets versuchen, dem Leben etwas Komisches abzugewinnen.

Aus diesem Grund gelten Sie auch meist als Mittelpunkt jeder Party. Sie sind auch stets bereit, Opfer für den Seelenfrieden zu bringen. Konfrontationen gehen Sie um jeden Preis aus dem Weg.

Immer dabei sein

Darüber hinaus müssen Sie stets in Bewegung sein, um nicht in Gefahr zu geraten, zur Ruhe und damit zum Nachdenken zu kommen. Es ist Ihnen äußerst wichtig, wie Sie auf andere wirken – Sie sind stets damit beschäftigt, sich beliebt zu machen – und Sie suchen stets Gesellschaft zur Ablenkung von Ihren Qualen.

Als Agrimony-Mensch werden Sie Ihre Probleme sicher eher unter- als überbewerten. Möglicherweise werden Sie sich sogar weigern, sich ernsthaft mit Ihren Problemen auseinanderzusetzen. Die Einnahme des Mittels hilft Ihnen dabei, die negativen Aspekte des Lebens, die Sie so quälen, in positive zu transformieren.

Statt negative Erfahrungen zu verdrängen, werden Sie nun in der Lage sein, mit Ihren Problemen umzugehen, da Sie an innerer Stärke und Stabilität gewinnen werden. Schließlich werden Sie fähig sein, die Gegensätze des Lebens anzunehmen, wobei Sie Ihren Witz und Ihre Fröhlichkeit bewahren. Sie haben es jedoch nicht mehr nötig, eine fröhliche Fassade zu zeigen.

Der negative Zustand

Der negative **Agrimony**-Zustand ist durch tief liegende Qualen gekennzeichnet, die man hinter einem Lächeln verbirgt.

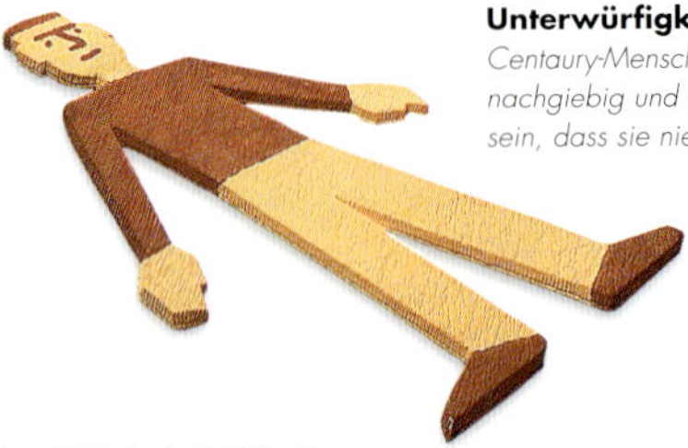

Unterwürfigkeit

Centaury-Menschen könnnen so nachgiebig und unterwürfig sein, dass sie nie Nein sagen.

CENTAURY

Trotz ihrer Fähigkeiten gelingt es Centaury-Menschen nicht immer, so viel zu erreichen, wie sie eigentlich könnten. Der Grund dafür liegt in ihrer Unterwürfigkeit, die sie dazu bringt, sich von anderen Menschen dominieren zu lassen, statt ihr Schicksal in ihre eigenen Hände zu nehmen. Das Mittel hilft ihnen sich abzugrenzen, damit sie erkennen können, wann sie geben und wann sie nehmen sollten. Es stärkt zudem das Ich-Gefühl und die Fähigkeit, für sich selbst Verantwortung zu übernehmen.

Blüte

Centaury-Blüten gelangen in Büscheln zur Blüte.

Informationen

Botanischer Name
Centaurium umbellatum (Tausendgüldenkraut)

Vorkommen
Trockenrasen, Straßenränder und Brachen

Pflanzenbeschreibung
Centaury ist eine einjährige Pflanze, die von Früh- bis Spätsommer blüht. Die rosafarbenen, sternförmigen Blüten, die in Gruppen stehen, öffnen sich nur an hellen, sonnigen Tagen.

Zubereitung
Sonnenmethode

Anwendung
Es fehlt die Willenskraft, die Forderungen anderer zurückzuweisen; Passivität, Willensschwäche, leicht auszubeuten, lässt sich von anderen als Fußabstreifer benutzen, unfähig für sich selbst einzustehen, unterdrückt stattdessen eigene Wünsche und Bedürfnisse.

Was die Behandlung bewirken kann
Centaury wird Ihnen helfen, sich wenn nötig zu behaupten und zu erkennen, wann es nötig ist, anderen nachzugeben und wann nicht. Dadurch, dass Sie Ihre Integrität wahren werden Sie in der Lage sein, für sich und Ihre Bedürfnisse einzustehen. Sie werden merken, dass Sie es sind – und nur Sie – der für Ihre Lebensgestaltung verantwortlich ist.

Blüten
Die Blüten öffnen sich nur bei schönem Wetter.

Das Mittel Centaury

Bestimmtheit
Centaury verhilft Ihnen zu mehr Schwung und Zielstrebigkeit.

In seinem Buch *The Twelve Healers and Four Helpers* fasst Edward Bach die Eigenschaften der Centaury-Menschen folgendermaßen zusammen: „nachgiebig, unterwürfig und aufgrund ihrer Gutmütigkeit ausgenutzt". Das bedeutet, dass Sie in einem negativen Centaury-Zustand sehr leicht unter den Einfluss eines anderen geraten können, der Ihre angeborene Hilfsbereitschaft ausnutzen könnte.

Im körperlichen Bereich bedeutet es, dass Sie sich sehr oft aufgrund völliger Überarbeitung sehr müde fühlen können. Sie laden sich zu viel auf und erschöpfen sich in Ihrem Wunsch, so hilfsbereit wie möglich zu sein. Edward Bach erkannte diese Gefahr sehr rasch. Er schrieb: „Selbst wenn sie krank sind, werden sie noch bereitwillig versuchen, anderen zu helfen, und werden sich in ihren Bemühungen völlig erschöpfen und verausgaben."

Ihre wahren Wünsche

Sie werden aufgrund Ihrer Unterwürfigkeit und Unfähigkeit, sich zu wehren und für Ihre Interessen einzustehen, möglicherweise nicht so viel im Leben erreichen, wie Sie sich wünschen. Sie sind auf jeden Fall auf dem falschen Weg, wenn Sie nicht Nein sagen können. Der Sohn, der sich dazu gezwungen sieht, seinem Vater zu folgen und das Familienunternehmen fortzuführen, statt sich seiner eigenen Berufung zu widmen, die Tochter, die sich gegen eine Ehe entscheidet, um sich um ihre alten, kranken, dominanten Eltern zu kümmern, sind beide klassische Centaury-Typen. Es gibt einen schmalen Grad zwischen echter Verantwortung und dem Zulassen von Ausnutzung. Hier wird er überschritten

Was das Mittel bewirkt

In ihrem Innern können Centaury-Menschen wachsam, aktiv und sehr bewusst sein. Dies macht es ihnen noch schwerer, sich durchzusetzen und ihr eigenes Leben zu führen. Sie wissen zwar, was sie tun sollten, es fehlt ihnen jedoch die notwendige Stärke, um es auch anzugehen.

Es kommt auf die Prioritäten an, die Sie setzen. Das Mittel gibt Ihnen die Kraft, das Problem zu lösen. Es hilft Ihnen, sich auf die Durchsetzung Ihrer Persönlichkeit zu konzentrieren. Sie werden vielleicht auch feststellen, dass es möglich ist, sein eigenes Leben zu führen und gleichzeitig anderen zu helfen, ohne sich aufzuopfern.

Der negative Zustand

Der negative **Centaury**-Zustand ist durch Passivität und Schwäche charakterisiert, anfällig für die Ausnutzung durch andere.

Ein Neubeginn
Walnut ist das richtige Mittel, wenn Sie auf dem Weg in eine neue Lebensphase sind.

WALNUT

Nach Edward Bach ist Walnut „das Mittel für jene Menschen, die sich zu einem wichtigen Schritt auf ihrem Lebensweg entschieden haben, um Konventionen zu brechen, Beschränkungen und Grenzen hinter sich zu lassen und einen Neubeginn zu wagen". Es ist nützlich, wenn wichtige Änderungen im Leben anstehen – seelisch, spirituell oder körperlich, wie etwa der Umzug in ein neues Land. Egal um was es sich handelt, das Mittel erleichtert den Wechsel, indem es Ihnen Selbstvertrauen in Bezug auf Ihre Entscheidungen gibt.

Sammeln
Nur die weiblichen Blüten werden gesammelt und zu Walnut-Tropfen verarbeitet.

Informationen

Botanischer Name
Juglans regia (Walnuss)

Vorkommen
Heckenreihen und Obstgärten

Pflanzenbeschreibung
Die mächtigen Walnussbäume werden im Alter bis zu 30 Meter hoch. Die Kätzchen (männlich) und Blüten (weiblich) blühen von der Mitte bis zum Ende des Frühjahrs, kurz bevor oder während die Blattknospen aufbrechen. Das Mittel wird nur aus den weiblichen, unscheinbaren Blüten hergestellt. Sie wachsen einzeln oder in kleinen Gruppen.

Zubereitung
Kochmethode. Pflücken Sie etwa 15 Zentimeter der neuen Triebe mit Blättern und weiblichen Blüten.

Anwendung
Schwierigkeiten, einen Schlussstrich zu ziehen und einen neuen Weg einzuschlagen, mit einer großen Veränderung im Leben und den Konsequenzen fertig zu werden oder bei einer Entscheidung zu bleiben, wenn gegensätzliche Ansichten geäußert werden oder andere störende Einflüsse einwirken.

Was die Behandlung bewirken kann
Wenn Sie sich an veränderte Umstände, eine andere Umgebung oder eine neue Lebensweise anpassen müssen, wird das Mittel Ihnen den Mut verleihen bei Ihren einmal getroffenen Entscheidungen zu bleiben und für sich und Ihre Entscheidungen einzustehen.

Kätzchen
Nicht die auffallenden, hübschen Kätzchen, sondern nur die weiblichen Blüten werden für das Mittel verwendet.

Das Mittel Walnut

Wechsel

Die Einnahme von Walnut hilft bei Phasen des Neubeginns.

Walnut-Menschen sind in der Regel entschlussfreudig, zumindest theoretisch. Sie besitzen nicht nur Ideale und Ziele, sie gehen diese auch sehr gezielt an und nehmen sich diese Ziele in vernünftigen Schritten vor.

Bei der Umsetzung einer Entscheidung können sie jedoch zögern und plötzlich unsicher werden. Genau in diesem Augenblick ist es sinnvoll, Walnut-Tropfen einzunehmen. Walnut wird oft als „die Blüte, die den Durchbruch schafft" bezeichnet. Das Mittel hilft Menschen bei dem, was Edward Bach „die großen Entscheidungen", die in jeder Lebensphase zu treffen sind, genannt hat. Dazu gehören zum Beispiel die Pensionierung oder der Verlust eines Lebenspartners. Das Mittel kann auch bei Trauer, Schwangerschaft oder Menopause angezeigt sein.

In die Zukunft schauen

Walnut hilft Ihnen, die Dinge mit Distanz zu betrachten, sich von vorgefassten Meinungen unabhängig zu machen und so den Wechsel positiv anzugehen. Sie werden in der Lage sein, nach vorn zu schauen. Das Mittel regt all Ihre positiven Eigenschaften an, wie etwa Beständigkeit und klare Zielvorstellungen. Im Ergebnis werden Sie sich selbst treu bleiben und unbeirrbar Ihre Ziele verfolgen, ohne sich vom Weg abbringen zu lassen.

Ganz einfach gesagt, wird Walnut Ihnen helfen, wenn es Ihnen schwer fällt, sich von der Vergangenheit zu lösen. Zusätzlich kann das Mittel Sie bei Kritik durch andere in Ihren eigenen Entschlüssen stärken. Der Einfluss anderer kann so stark sein, dass Sie sogar an Ihren eigenen, eigentlich klaren Überzeugungen zweifeln und Angst vor falschen Schritten haben. Wenn dies der Fall ist, verhilft Ihnen Walnut zu dem Quäntchen zusätzlichen Mut, das sie benötigen, um sich selbst treu zu bleiben und sich nicht beirren zu lassen.

Von Edward Bach lernen

Manche Menschen gehen davon aus, dass Edward Bach selbst ein Walnut-Typ war. Als er sich von der Schulmedizin und ihren Lehren zugunsten eines geeigneteren Heilverfahrens abwandte, hielt er durch, bis seine Arbeit schließlich Erfolg hatte. Er ließ sich weder durch Entmutigung noch durch den Spott seiner früheren Kollegen von seinem Weg abbringen.

Der negative Zustand

Der negative **Walnut**-Zustand ist durch die Unfähigkeit, mit Veränderungen umzugehen und den letzten Schritt zu tun, gekennzeichnet.

Positive Gefühle

Holly bekämpft zerstörerische negative Emotionen.

HOLLY

Viele der Behandler, die Bachblüten verordnen, halten Holly für das wichtigste unter den Bachmitteln, da es das Mittel gegen den Hass ist. Edward Bach stellte fest, dass Holly „... uns vor allem schützt, was nicht universelle Liebe ist. Holly öffnet unsere Herzen und vereint uns mit der göttlichen Liebe." Das Mittel kann Ihnen helfen, wenn Sie extreme negative Gefühle gegenüber einem anderen Menschen verspüren, von krankhafter Eifersucht bis hin zu dem Wunsch jemanden zu verletzen.

Blüten

Im Frühsommer zeigen sich die winzigen, weißen, weiblichen Blüten von Holly. Bis zum Spätsommer entwickeln sich dann die Beeren.

Informationen

Botanischer Name
Ilex aquifolium (Stechpalme)

Vorkommen
Wälder und Hecken

Pflanzenbeschreibung
Die immergrüne Stechpalme trägt vom späten Frühling bis zum Frühsommer winzige, weiße Blüten. Die männlichen Blüten sind klein und weiß, mit kurzen Stielen. Sie sitzen an den Blattachseln. Die Erscheinung der weiblichen Blüte ist ähnlich ihrem männlichen Gegenstück, nur dass sie zwei bis vier Narben trägt, aus denen sich die roten Beeren entwickeln. Ihretwegen wird Holly vermutlich am ehesten im Winter erkannt.

Zubereitung
Kochmethode. Pflücken Sie etwa 15 Zentimeter der blühenden Zweige mit Blättern. Sie können männliche und weibliche Blüten nutzen.

Anwendung
Eifersucht, Feindseligkeit, Argwohn, Neid, Rachsucht, Hass

Was die Behandlung bewirken kann
Holly gibt Ihnen die Fähigkeit wieder, großzügig zu sein und anderen Ihre Zuneigung zu zeigen. Es hilft Ihnen, sich über Argwohn und Eifersucht zu erheben – diese und andere negative Holly-Emotionen werden nicht immer unterdrückt und können sich tatsächlich in explosiven gewalttätigen Ausbrüchen entladen – und zu lieben, selbst wenn Sie keine Hoffnung haben, dass Ihre Liebe erwidert wird.

Blüten
Männliche und weibliche Blüten wachsen auf verschiedenen Sträuchern.

Das Mittel Holly

Lieben
Holly gibt einem die Fähigkeit, Liebe zu zeigen, zurück.

Wenn Sie feststellen, dass Sie anderen gegenüber extreme negative Gefühle entwickeln, wie etwa Hass, Neid und den Wunsch nach Rache wegen tatsächlicher oder eingebildeter Ungerechtigkeiten, dann ist Holly, die Bachblüte der Liebe, das richtige Mittel für Sie. Wenn Sie nichts dagegen unternehmen, können solche Zustände Sie emotional und physisch sehr stark leiden lassen. Sie können von negativen Gefühlen regelrecht aufgefressen werden. Mithilfe von Holly jedoch können Sie solche extremen Gefühle sofort bekämpfen. Sie müssen allerdings genau hinsehen, um zu entscheiden, ob für Ihren Zustand tatsächlich Holly das richtige Mittel ist. Wenn Sie Ihre negativen Gefühle in Ihrem Innern verbergen, statt sie zu zeigen, könnte Willow das geeignetere Mittel sein. Dieses Mittel hilft vor allem bei innerem, nicht deutlich geäußertem Groll.

Möglicherweise ist auch eine Mischung verschiedener Mittel angebracht. Wennn Sie zum Beispiel an einem Punkt angelangt sind, an dem Ihre angestaute Wut droht, sich explosionsartig zu entladen, kann es sinnvoll sein, zusätzlich zu Holly auch Cherry Plum einzunehmen. Sie sollten sich die Symptome auf jeden Fall zuvor sehr genau ansehen, bevor Sie mit der geeigneten Behandlung beginnen.

Analysieren Sie Ihre Wut

Sie müssen sich zunächst mit den Gründen für Ihre Wut beschäftigen. Wut kann Ausdruck unterschiedlichster zugrunde liegender Seelenzustände sein. Bei durch Enttäuschung ausgelöster Wut ist Vervaine angebracht, bei rücksichtslosem Verhalten Vine.

Ein letzter Ausweg

Von Edward Bach stammt eine interessante Bemerkung zu Holly und Wild Oat. „Wenn ein Fall nach vielen verschiedenen Mitteln verlangt", schreibt er, „oder auf eine Behandlung nicht anspricht, kann man es mit Wild Oat oder Holly probieren. Danach wird man erkennnen, welche Mittel noch nötig sein könnten. Wenn die Persönlichkeit des Patienten aktiv und intensiv ist, behandelt man am besten mit Holly. Bei eher schwachen und nachgiebigen Charakteren mit Wild Oat." Dies ist allerdings nur eine letzte Möglichkeit, wenn das übliche Verfahren zur Wahl des geeigneten Mittels nicht ausreicht.

Der negative Zustand

Der negative **Holly**-Zustand ist durch negative Gefühle wie Wut, Neid und Groll gegenüber anderen gekennzeichnet.

DIE MITTEL IN DER PRAXIS

Vor einer ersten Behandlung mit Bachblüten müssen Sie sich darüber im Klaren sein, dass die Herangehensweise sich komplett von schulmedizinischen Behandlungen unterscheidet. Statt der körperlichen Symptome und Krankheiten stehen hier die Persönlichkeit, der seelische Zustand und die Gefühle im Vordergrund. Die Fallbeispiele zeigen Ihnen die Bachblütentherapie in der Praxis.

Fallbeispiel

Jenny hatte zwei kleinere Autounfälle und entwickelte in der Folge Angst vor dem Autofahren. Sie war davon überzeugt, dass es auf der Straße für sie stets gefährlich wäre. Obwohl dies faktisch nicht stimmte, war sie außerdem davon überzeugt, dass sie selbst an beiden Unfällen schuld war und hatte immer noch Schuldgefühle.

Da es sich um bekannte Ängste handelte, war **Mimulus** das geeignete Mittel, unterstützt von **Larch** als Mittel zur Stärkung ihres Selbstvertrauens. Gegen die Schuldgefühle wurde **Pine** verordnet, in Kombination mit **White Chestnut** zur Linderung ihres ständigen sorgenvollen Nachdenkens. **Centaury** sollte ihr zudem helfen, mit ihrer Angst, es allen recht zu machen, umzugehen. Im Laufe der Behandlung konnte **Mimulus** weggelassen und statt dessen **Rock Rose** gegeben werden. Es ging ihr allmählich besser, bis sie schließlich in der Lage war, die Behandlung selbst fortzuführen. Sie ist zwar keine begeisterte Autofahrerin, kann aber wieder ohne Panik und Angst fahren.

Fallbeispiel

Arthur konnte immer schlechter mit seinen herannahenden Prüfungen umgehen und wurde immer angespannter.

Er erhielt **Agrimony**, um besser mit verborgenen Ängsten umzugehen, **Hornbeam** gegen fehlende Motivation, **Larch** zur Stärkung des Selbstvertrauens, **Mimulus** gegen Versagensangst und die Angst, andere zu enttäuschen, **Olive** gegen Erschöpfung. Gegen die anhaltenden Überforderungsgefühle erhielt er **Elm**.

Bald konnten die meisten Mittel weggelassen werden. Arthur schöpfte Vertrauen und konnte über seine Angst reden.

Fallbeispiel

Thomas war unglücklich, weil er glaubte, dass seine kleine Schwester die ganze Aufmerksamkeit seiner Mutter erhielt. Er war ständig damit beschäftigt, die Aufmerksamkeit auf sich zu lenken. Er trat gegen die Wiege, bis das Baby schrie. Als man ihn ausschimpfte, bekam er einen Wutanfall, trat um sich, schrie und wälzte sich auf dem Boden herum. Als ihn seine Mutter zurechtwies, stampfte er mit den Füßen auf oder versuchte sie zu beißen.

Gegen seine Eifersucht wurde Thomas **Holly** verordnet. Innerhalb weniger Wochen hatte sich seine Haltung gegenüber seiner kleinen Schwester völlig geändert. Er schien jetzt sehr stolz auf sie zu sein und war nun ein glückliches ud fröhliches Kind. Thomas erhielt außerdem **Cherry Plum**, um ihm zu helfen, sein Temperament besser zu zügeln.

Mittel bei Mutlosigkeit und Verzweiflung

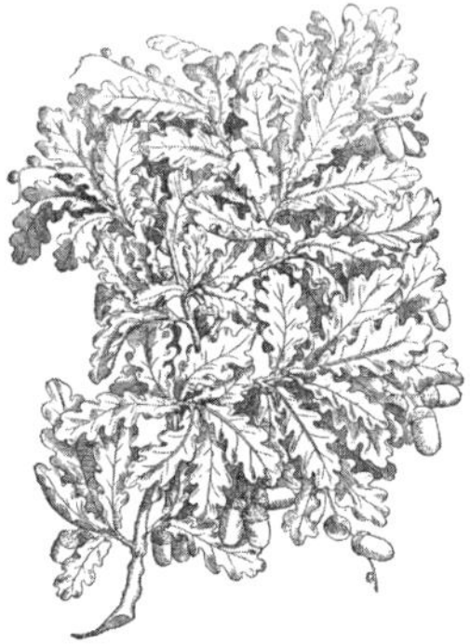

Stärkung
Oak wirkt stärkend bei Erschöpfung.

Dies ist die größte der sieben Gruppen von Seelenzuständen, die Edward Bach zur Grundlage seines Bachblütensystems machte. Sie beinhaltet acht Mittel für je acht spezifische emotionale Zustände.

Larch ist das richtige Mittel, wenn man unter einem schwachen Selbstbewusstsein leidet und an seinen Fähigkeiten zweifelt. Mit Pine kann man jede Art von begründeten und unbegründeten Schuldgefühlen behandeln. Es hilft bei Belastung durch Selbstvorwürfe.

Die zu große Last

Elm ist das Mittel der Wahl bei Menschen, die hohe Ansprüche haben und plötzlich feststellen, dass sie trotz ihrer unbestreitbaren Fähigkeiten ihrer Verantwortung nicht mehr gewachsen sind. Ihre Verantwortung erdrückt Sie, weshalb Sie jedes Vertrauen in sich selbst verlieren. Elm hilft Ihnen, Ihre Kraft und Stärke wiederzufinden. Sweet Chestnut ist das Mittel, das Sie nehmen sollten, wenn Sie sich in einem Zustand völliger Hoffnungslosigkeit befinden, wenn Ihnen das Leben als so ausweglos erscheint, dass Sie sich völlig verloren fühlen. Es gibt keinen Grund anzunehmen, dass diese Dunkelheit, die sich über Ihre Seele gelegt hat, jemals wieder enden sollte. Sie sehen kein Licht am Ende des Tunnels. Star of Bethlehem dagegen hilft bei Schock und dessen Nachwirkungen, etwa beim plötzlichen Tod eines lieben Menschen. Das Mittel ist auch angebracht, wenn ein Trauma, etwa aus der Kindheit, erst Jahre später bewusst wird. Willow hilft, wenn man in Selbstmitleid badet und sich als Spielball des Schicksals empfindet. Oak-Menschen sind dagegen äußerst positive Charaktere, die manchmal ihre Kraft überschätzen. Das Mittel lädt ihre Batterien wieder auf. Crab Apple ist ein „Mittel der Reinigung". Edward Bach beschrieb es als „das Mittel, das uns hilft, mit den Dingen umzugehen, die wir nicht mögen, weder in Bezug auf unsere Seele noch auf unseren Körper".

Vertrauen
Larch gibt einem das Vertrauen, das man für den Erfolg benötigt.

LARCH

Das Charakteristischste an Larch-Menschen ist ihr geringes Selbstbewusstsein. Sie misstrauen ihren Fähigkeiten. Ihre Unsicherheitsgefühle können so stark sein, dass sie glauben, dass alles, was sie zu erreichen versuchen, misslingen muss. Mithilfe des Mittels können sie ihre Ziele objektiver einschätzen und lernen, Erfolg zu haben, statt stets die negativen Seiten des Lebens zu betrachten und sich an die Erwartung von Misserfolg zu gewöhnen.

Laubwechsler
Lärche im Sommerkleid. Sie ist der einzige Nadelbaum, der seine Blätter im Winter abwirft.

Informationen

Botanischer Name
Larix decidua (Lärche)

Vorkommen
Hügelland und Waldränder

Pflanzenbeschreibung
Die Blüten des Baumes blühen von Mitte bis Ende des Frühjahrs, zur gleichen Zeit, wie sich die Blätter als kleine, hellgrüne Büschel zeigen. Männliche und weibliche Kätzchen wachsen auf demselben Baum. Der Unterschied zwischen beiden ist leicht zu erkennen – die männlichen kennzeichnet eine riesige Menge goldgelber Staubfäden, während die weiblichen leuchtend rot sind. Die Blätter erscheinen in einzelnen Büscheln, die aus je 30 bis 40 dünnen Nadeln bestehen.

Zubereitung
Kochmethode. Sammeln Sie etwa 15 Zentimeter große Stücke der Zweige mit den jungen grünen Blättern und beiderlei Blüten.

Anwendung
Mangelndes Selbstvertrauen; Misserfolg erwarten, der sich auch einstellt; keinen Versuch machen, etwas zu erreichen; Gefühl, dass nichts, was man selbst tut, mit den Leistungen anderer vergleichbar ist.

Was die Behandlung bewirken kann
Larch wird Ihr Vertrauen in sich und Ihre Fähigkeiten stärken und Sie befähigen, Misserfolg zu überwinden und Erfolg zuzulassen. Das Mittel wird Ihnen auch den Wunsch verleihen, Neues auszuprobieren, statt aus Mangel an Selbstvertrauen Gelegenheiten zu verpassen.

Das Mittel Larch

Vertrauen
Larch gibt Ihnen das nötige Vertrauen, um ins Leben einzutauchen.

Wenn Sie sich in einem negativen Larch-Zustand befinden, leiden Sie unter einem ausgeprägten Mangel an Selbstbewusstsein. Dies führt Sie dazu, zu glauben, Sie wären grundsätzlich zum Misserfolg verdammt, sobald Sie auch nur etwas Neues beginnen. Sie sind inzwischen davon überzeugt, dass Sie gar nichts mehr in Angriff nehmen können und lösen das Problem durch schlichte Vermeidung. Damit berauben Sie sich jedoch einer Chance. Die Gründe für Ihre Vermeidungshaltung mögen Ihnen dabei ganz realistisch erscheinen. Das mangelnde Selbstvertrauen lässt sich oft auf Erfahrungen in der Kindheit zurückführen – oder sogar noch weiter. Nach manchen Theorien können solche Gefühle auch über Generationen weitergegeben werden.

Meist handelt es sich bei diesem Zustand jedoch um eine vorübergehende Erscheinung, etwa in Stresssituationen. Das Mittel hilft beispielsweise bei Prüfungsangst und bei Bewerbungsgesprächen.

Vom Versagen zum Erfolg

Das Mittel wird Ihnen nicht nur helfen, die Angst vor dem Versagen zu überwinden. Es wird Ihnen ermöglichen, Ihre Haltung zum Leben und allem, was es Ihnen zu bieten hat und was Sie im Moment nicht wahrnehmen können, völlig zu ändern. Es nimmt Ihnen die Angst vor dem Misserfolg, eine Angst, die aus Ihrem mangelnden Selbstbewusstsein und der Angst, das, was Sie sich vorgenommen haben, nicht schaffen zu können, herrührt. Sie werden feststellen, dass Sie mindestens genauso gut wie andere, wenn nicht sogar besser als Ihre Konkurrenten sein können.

Sobald Sie Ihrem wahren Potenzial erlauben sich zu entfalten, werden Sie sehen, dass auch Sie die Initiative ergreifen können, statt immer auf Anlässe zu warten. Sie werden die Dinge des Lebens gelassener und entspannter angehen können. Damit wird es Ihnen möglich sein, mehr aus Ihrem Leben zu machen und die Chancen, die es Ihnen bietet, zu nutzen und zu mehren, statt sie einfach an sich vorbeiziehen zu lassen.

Sie werden lernen, wie man Bachs Ratschlag befolgt, „ins Leben einzutauchen". Wenn wir dies nicht tun, „werden wir kaum etwas lernen", denn „der Grund für unser Dasein liegt darin, dass wir Erfahrung und Wissen erwerben".

Der negative Zustand

Der negative **Larch**-Zustand ist durch fehlendes Selbstvertrauen, Unsicherheit und die Erwartung von Misserfolg charakterisiert.

Schuldkomplex

Pine richtet Sie wieder auf, wenn irrationale Schuldgefühle Sie beherrschen.

PINE

Pine-Menschen sind – mit oder ohne Grund – voller Schuldgefühle und Selbstanklagen. Menschen in einem negativen Pine-Zustand scheinen sich ständig zu entschuldigen und nehmen jede Gelegenheit wahr, sich für Ihre vermeintlichen Fehler selbst zu strafen. Das Mittel ist ihre Rettungsring, mit dessen Hilfe sie wahrnehmen können, welche Fehler sie tatsächlich verantworten und welche nicht. Statt irrealer Schuld empfinden sie dann nur noch angemessene Reue.

Blüten

Für die Bachblütenessenz Pine werden männliche und weibliche Blüten benötigt.

Informationen

Botanischer Name
Pinus sylvestris (Kiefer, Föhre)

Vorkommen
Kiefernwälder und Heideland, bevorzugt sandige Böden

Pflanzenbeschreibung
Männliche und weibliche Blüten sitzen am selben Baum. Sie blühen vom späten Frühjahr bis zum Frühsommer. Die männlichen, goldgelben Blüten sitzen in Gruppen an den Enden der kürzeren Triebe. Die eiförmigen, roten, weiblichen Zapfen stehen einzeln oder zu dritt an der Triebspitze.

Zubereitung
Kochmethode. Sammeln Sie etwa 15 Zentimeter lange, junge Triebe mit männlichen und weiblichen Blüten, wenn die männlichen Blüten voll erblüht sind.

Anwendung
Selbstvorwürfe, geplagt von Schuld- und Minderwertigkeitsgefühlen; die Schuld für die Fehler anderer übernehmen, Verweilen bei vergangenen Fehlern; unaufhörlich die eigenen Handlungen analysieren und etwas daran auszusetzen haben.

Was die Behandlung bewirken kann
Im negativen Pine-Zustand versinken Sie in einem Meer von Schuld. Das Mittel Pine wird Ihnen helfen, das rettende Ufer zu erreichen. Es ist ein Rettungsring, der Ihnen hilft, sich Fehlern zu stellen und sich nur dann dafür zu entschuldigen, wenn Sie wirklich dafür verantwortlich sind. Es wird Ihnen auch helfen, sich nicht ständig zu entschuldigen, selbst wenn gar keine Veranlassung dazu besteht.

Das Mittel Pine

Schuldbeladen
Pine-Menschen nutzen Schuldgefühle zur Selbstbestrafung.

Pine-Menschen fühlen sich immer schuldig. Sie klagen sich fortwährend für alles Mögliche an, auch wenn es für Außenstehende offensichtlich ist, dass sie keinen Grund zu Schuldgefühlen haben, da sie nichts falsch gemacht haben. Ihr Lieblingswort ist ganz eindeutig „Entschuldigung".

Im negativen Pine-Zustand klagen Sie sich sofort für alles an, was schief läuft und entschuldigen sich prompt dafür. Der Zustand muss keinen akuten Anlass haben, er kann von sehr weit zurück liegenden Ereignissen ausgelöst werden, die plötzlich wieder an die Oberfläche drängen.

Das ist allerdings nicht das einzige Problem. In dem für diesen Zustand typischen emotionalen schwarzen Loch sind Sie wahrscheinlich nie mit dem zufrieden, was Sie erreichen. Das kann Sie dazu bringen, sich zu überarbeiten, und damit zusätzlichen Stress auslösen.

Das Sündenbocksyndrom

Sie werden in diesem Zustand auch nicht sehr viel Spaß am Leben haben, da Sie sofort bereit sind, die Rolle des Sündenbocks zu übernehmen, der sich permanent für Dinge entschuldigt, die gar nicht in seiner Verantwortung liegen. Entschuldigende Formulierungen können sich sogar in ganz normale Alltagsgespräche einschleichen. Diese Haltung prägt jede Situation. Sie sorgen so unbewusst für eine ständige Herabsetzung Ihrer Person. Das negative Selbstbild, das dahinter steckt, kann scheinbar keiner ändern. Sie stellen Ihre Fähigkeiten und Ihren Wert immer unter den Scheffel und werden das, was Sie erreicht haben, niemals anerkennen können.

Die Dinge zurechtrücken

Mithilfe von Pine können Sie Ihr Leben jedoch ändern. Das Mittel lädt sozusagen Ihre Batterien wieder auf. Es gibt Ihnen den Pusch, den Sie brauchen, um zu kapieren, dass es Grenzen der Verantwortung und des Schuldgefühls gibt.

Sie werden immer noch Fehler erkennen, die Verantwortung werden Sie jedoch nur noch fur Ihre eigenen Fehler – und das in gesundem Maß – übernehmen. Sie werden das Schuldgefühl nicht mehr als Mittel der Selbstbestrafung einsetzen. Die neue Haltung wird Ihr ganzes Leben zum Besseren ändern und vor allem Ihre Beziehungen zu anderen verbessern.

Der negative Zustand

Der negative **Pine**-Zustand ist durch unbegründete Schuldgefühle und Unzufriedenheit mit dem Erreichten charakterisiert.

Überlastet

Für Elm-Menschen ist das plötzliche Gefühl, nicht zu genügen, traumatisch, wie ein Sturm aus heiterem Himmel.

ELM

Elm-Menschen leisten in der Regel Großes, aber auch sie haben manchmal Probleme. Der Grund dafür liegt in ihrer Neigung, sich zu viele Verpflichtungen aufzuladen. In der Folge durchleben sie depressive Phasen, weil sie sich unfähig fühlen, den vielen Aufgaben weiter gewachsen zu sein. Das Mittel beruhigt ihren Geist. Es gibt ihnen die Möglichkeit, ihr Selbstvertrauen wiederzuerlangen, um Probleme rational zu lösen und sich nicht mehr von den befürchteten negativen Konsequenzen ihres Handelns lähmen zu lassen.

Ulmensterben

Die so genannte „Holländische Krankheit" hat den Ulmenbestand stark reduziert.

Informationen

BOTANISCHER NAME
Ulmus procera (Englische Ulme)

VORKOMMEN
Wälder und Heckenreihen, nur in England

PFLANZENBESCHREIBUNG
Der Baum hat einen mächtigen Stamm, mit tief eingerissener, gräulicher Rinde und zahlreichen am Stamm ansitzenden Ästen. Die zahlreichen, kleinen, purpurbraunen Blüten wachsen in Gruppen. Sie blühen vom Spätwinter bis zur Frühjahrsmitte, bevor die Blätter erscheinen.

ZUBEREITUNG
Kochmethode. Sammeln Sie etwa 15 Zentimeter lange Zweige mit den Blüten.

ANWENDUNG
Vorübergehende Gefühle von Unzulänglichkeit und Verlust des Selbstvertrauens, Gefühl, von seinen Verantwortungen erdrückt zu werden, Anfälle von Verzagtheit und Erschöpfung durch Übernahme von zu vielen Pflichten.

WAS DIE BEHANDLUNG BEWIRKEN KANN
Elm wird Ihnen dabei helfen Ihr Selbstvertrauen wiederzugewinnen und Ihnen die Fähigkeit verleihen, Probleme von einer anderen Warte aus zu sehen. Verantwortungsvoll, zuverlässig und selbstsicher werden Sie dann in der Lage sein, die Bürde der Verantwortung zu tragen, ohne vor ihr zurückzuschrecken, da Sie zuversichtlich sind, dass immer, wenn Sie Hilfe brauchen, diese zur Hand ist.

Blätter
Wenn die Blüte vorbei ist, öffnen sich die Blätter an den kahlen Zweigen.

Das Mittel Elm

Selbstvertrauen
Elm-Menschen übernehmen gerne Verantwortung.

Wenn Sie feststellen, dass Sie sich von Ihren Aufgaben überrollt fühlen, dann ist Elm das richtige Mittel für Sie. Zwar ist dieses Gefühl für jeden Typ schlimm, Elm-Typen empfinden es jedoch besonders traumatisch.

Das liegt daran, dass Elm-Menschen besonders fähig und effizient sind. Sie sind Leistungsträger, die, egal in welchem Job, schnell unentbehrlich werden. Außerdem tragen sie oft Verantwortung für andere, die von ihren Entscheidungen abhängig sind. Ihre Schwäche liegt in ihrer Bereitschaft, immer mehr zu übernehmen, bis sie unter der zu großen Belastung schließlich irgendwo zurückstecken müssen.

Die Elm-Krise

Zur Krise kommt es in dem Moment, in dem solche Menschen plötzlich feststellen, dass es keine Möglichkeit gibt, alle Aufgaben – solche, die sie sich selbst gestellt haben und solche, die sie übernommen haben – zufriedenstellend zu erledigen. Wenn sie dies realisieren, können Elm-Menschen in einen Zustand der Niedergeschlagenheit geraten oder sogar depressiv werden.

Es ist einfach so, dass sie trotz größter Bemühungen nun Angst haben, all ihren Aufgaben und ihrer Verantwortung nicht mehr gewachsen zu sein. Das Bewusstsein, dass andere von ihnen abhängig sind, kann diesen Konflikt verschärfen.

Glücklicherweise hält dieser Zustand selten lange an, da das Elm-Menschen eigene Vertrauen ihnen hilft, schnell wieder Haltung und Stabilität zu erlangen. Dies liegt wiederum zu großen Teilen daran, dass sie ihre Berufung gefunden haben. Das gibt ihnen in jeder Situation die Sicherheit, dass sie irgendwo in sich selbst im Notfall diese zusätzliche Kraft finden werden, um den vor ihnen liegenden Aufgaben und Verpflichtungen gewachsen zu sein.

Wie das Mittel hilft

Das Mittel hilft Ihnen in jedem Fall, den ursprünglichen Zustand wiederzuerlangen, vor allem, wenn Sie an einen Punkt geraten sind, an dem Sie Ihr Selbstvertrauen völlig verloren haben. Das Mittel wirkt in der Regel sehr rasch gegen das Überforderungsgefühl angesichts einer übergroßen Verantwortung. Ihr Geist wird sich schnell erholen und ebenso Ihr Selbstvertrauen, der Schlüssel zum Erfolg.

Der negative Zustand

Der negative **Elm**-Zustand ist durch Niedergeschlagenheit und Depression aufgrund zu großer Verantwortung gekennzeichnet.

Qual

Sweet Chestnut hilft gegen Zustände extremer physischer und geistiger Erschöpfung.

SWEET CHESTNUT

In einem negativen Sweet-Chestnut-Zustand leiden Sie unter großen Qualen. Sie haben das Gefühl, sich in einer absoluten und ausweglosen Grenzsituation zu befinden, unfähig etwas dagegen zu tun oder mit dem Schmerz und dem Leiden fertig zu werden. Das Mittel wird Ihnen den benötigten Funken Hoffnung vermitteln, damit Sie weiterkämpfen können. Es kann Ihr seelisches Leid lindern und Ihnen zeigen, dass dies nicht das Ende ist.

Späte Blüte

Die Esskastanie ist ein relativ spät blühender Laubbaum.

Informationen

Botanischer Name
Castanea sativa (Edelkastanie, Esskastanie)

Vorkommen
Lichte Wälder

Pflanzenbeschreibung
Das Mittel wird aus den Blüten der Edel- oder Esskastanie gewonnen. Sie blüht vom Frühsommer bis zum Spätsommer. Sowohl männliche als auch weibliche Kätzchen, die am selben Baum wachsen, sind lang, schlank und blassgelb gefärbt. Die unteren sind vorwiegend männlich. Der reife Pollen hat einen unangenehmen Geruch. Die oberen, weiblichen Kätzchen sind weniger zahlreich und wachsen in Gruppen zu zweit oder zu dritt.

Zubereitung
Kochmethode. Sammeln Sie etwa 15 Zentimeter lange Zweige mit Blättern sowie männlichen und weiblichen Blüten.

Anwendung
Gefühle absoluter Niedergeschlagenheit, tiefe geistige Qual und Verzweiflung, man glaubt sich am Ende seines Durchhaltevermögens, fühlt sich verloren und innerlich leer, hat alle Hoffnung aufgegeben, befürchtet einen vollständigen geistigen und körperlichen Zusammenbruch.

Was die Behandlung bewirken kann
Sweet Chestnut hilft, wenn alles schwarz und ausweglos aussieht. Sie werden wieder fähig sein, das Licht am Ende des Tunnels zu sehen. Ihr Vertrauen und Ihre Hoffnung werden wieder hergestellt.

Das Mittel Sweet Chestnut

Ein Hoffnungsschimmer
Sweet Chestnut gibt Hoffnung in hoffnungsloser Verzweiflung.

Edward Bach schrieb in *The Twelve Healers and Other Remedies*, dass Sweet Chestnut „... das einzige [Mittel] gegen diese entsetzliche seelische Verzweiflung ist, wenn es scheint, als ob die Seele selbst zugrunde geht. Es ist die hoffnungslose Verzweiflung derer, die fühlen, dass sie die Grenzen der Belastbarkeit erreicht haben."

In einem negativen Sweet-Chestnut-Zustand stehen Sie mit dem Rücken zur Wand. Sie haben trotz Ihres verzweifelten Kampfes den tiefsten Punkt erreicht. Mehr können Sie nicht mehr ertragen. Selbst unmittelbare Freunde und der Partner können Ihnen nicht helfen. Die Verzweiflung kann so heftig sein, dass Sie ans Sterben denken (obwohl sie sogar daran zweifeln, dass dies eine Lösung darstellt). Im Extremfall können Sie sogar befürchten, wahnsinnig zu werden oder einen Nervenzusammenbruch zu erleiden.

Auf den Glauben bauen

Das Mittel kann Ihnen helfen, Ihren persönlichen Glauben zu stärken. Edward Bach sagte: „Dies ist der Moment, in dem sich Wunder ereignen." Diesen Glauben, von dem er offensichtlich überreichlich besaß, zeigte er, als er sich kurz vor seinem Tod von seinem Beruf zurückzog, um seine Kollegen vor „Ärger, Schwierigkeiten, Untersuchungen usw." zu schützen. Wir wissen nicht, wie er sich zu diesem Zeitpunkt tatsächlich fühlte, aber vermutlich hatte er keine Angst vor dem Tod, da sein persönlicher Glaube in die Macht des Schicksals sehr stark war. Edward Bach erinnerte sich, dass ihn seine Kollegen 1917 für todgeweiht hielten. Gott schenkte ihm jedoch noch fast zwei Jahrzehnte, in denen er seine Lebensaufgabe auf Erden erfüllen konnte.

Hoffnung anbieten

Das Mittel wird Ihnen helfen, mit der Verzweiflung umzugehen. Es wird Ihnen die Hoffnung wiedergeben. Sie werden sehen, dass der Zustand nicht anhält und dass es einen Neubeginn gibt. In ganz schlimmen Fällen, für die es keine wirkliche Lösung gibt, kann es zumindest das Annehmen des Schicksals erleichtern und Glauben vermitteln.

Der negative Zustand

Der negative **Sweet-Chestnut**-Zustand ist von völliger Niedergeschlagenheit, Verzweiflung und seelischer Qual gekennzeichnet.

Schockmittel
Star of Bethlehem kann gegen Schock und dessen Spätfolgen helfen.

STAR OF BETHLEHEM

Star of Bethlehem ist eine der fünf Bachblüten, die Teil der von Edward Bach entwickelten Rescue-Remedy-Tropfen sind. Diese Bachblüte neutralisiert Schock und dessen Spätfolgen. Star of Bethlehem hilft allein genommen, mit schlechten Nachrichten oder einem Unfall, den Sie selbst erleiden oder jemand, der Ihnen nahe steht, fertig zu werden. Auch bei sehr spät einsetzenden Schockfolgen (lange nach dem traumatisierenden Ereignis) kann dieses Mittel helfen.

Zwiebel
Star of Bethlehem wächst ähnlich wie Knoblauch aus einer Zwiebel.

Informationen

Botanischer Name
Ornithogalum umbellatum (Doldiger Milchstern)

Vorkommen
Wiesen und Wälder

Pflanzenbeschreibung
Star of Bethlehem blüht von der Frühlingsmitte bis zum Spätfrühling. Die Blüten öffnen sich nur bei voller Sonne und schließen sich wieder, wenn sich der Himmel bedeckt oder die Sonne untergeht. Die dunkelgrünen Blätter sind äußerst schlank und haben einen weißen Mittelstreifen.

Zubereitung
Kochmethode. Pflücken Sie die Blüten mit einem kleinen Stück des Hauptstängels.

Anwendung
Kurze und lang anhaltende Schockzustände und deren Auswirkungen.

Was die Behandlung bewirken kann
Star of Bethlehem hilft, das Trauma eines Schocks zu lindern – ob frisch oder länger zurückliegend –, der ansonsten kurzfristige und möglicherweise auch langfristige Auswirkungen auf Ihre emotionale Stabilität hätte. Es ist das erste Mittel, wenn Sie z.B. mit einem großen Verlust fertig werden müssen wie bei einem Trauerfall. In solchen Fällen wird es Ihnen helfen, wieder auf die Beine zu kommen.

Blüten
Die sternförmigen, weißen Blüten sind auf der Unterseite grün gestreift.

Das Mittel Star of Bethlehem

Balance
Star of Bethlehem wirkt ausgleichend bei Schock.

Edward Bach beschrieb Star of Bethlehem als „Tröster und Besänftiger von Schmerzen und Kummer". Es ist das erste Mittel der Wahl, wenn jemand einen schweren Schock oder ein Trauma erleidet. Star of Bethlehem kann Ihnen etwa helfen, wenn Sie in einen Autounfalll verwickelt sind. Ein klassisches Einsatzgebiet ist die Behandlung von Menschen, die jemanden verloren haben. Das Mittel hilft hier, mit dem Abschiedsschmerz fertig zu werden und die Trauer zu akzeptieren. Manche Trauernden benötigen jede Hilfe, die sie bekommen können, um nicht komplett zusammenzubrechen. Das ist nicht schlimm, es ist wichtig, dass sie sich richtig ausweinen können.

Die Gefühle befreien

Star of Bethlehem ist auf jeden Fall das richtige Mittel, wenn Sie Ihre Gefühle unterdrücken. Wie Ihnen jeder Psychologe und Heilpraktiker sagen kann, ist das kontraproduktiv. Es kann die Situation nur noch schlimmer machen.

Das Mittel ist der Schlüssel zu Ihren verdrängten Gefühlen. Es löst den Druck, den Sie in Ihrem Innern aufbauen. Außerdem kann es gleichzeitig gegen die körperlichen Symptome helfen, denn ein Schock oder ein Trauma haben immer auch körperliche Folgen. Dank der Behandlung mit Star of Bethlehem kann der Körper wieder zu seinem ursprünglichen, gesunden Zustand zurückkehren.

Späte Schockfolgen behandeln

Manchmal zeigen sich die Schockfolgen nicht sofort nach dem Ereignis. Sie werden unterdrückt und beeinflussen Sie unterbewusst, bis sie eines Tages, nach Tagen, Wochen, Monaten oder gar Jahren wieder nach außen drängen. Dann kann das auslösende Ereignis schon längst vergessen sein. In solchen Momenten kann der Schockzustand wie ein Komplex von verschiedenen Leiden ohne jede erkennbare konkrete Ursache wirken. Star of Bethlehem kann auch gegen solche Schockfolgen, die Jahre nach dem Ereignis auftreten, sehr gut helfen.

Der negative Zustand

Der negative **Star-of-Bethlehem**-Zustand ist durch Verwirrung infolge eines Schocks oder Traumas gekennzeichnet.

Groll

Willow kann helfen, wenn Sie voller Selbstmitleid sind und glauben, dass das Leben ohne jeden Grund gegen Sie ist.

WILLOW

Menschen in einem negativen Willow-Zustand sind voller Selbstmitleid. Sie glauben, dass Ihnen ohne jede eigene Schuld alles misslingt. Sie gehen davon aus, dass andere, wenn nicht gar das Leben, sich gegen sie verbündet haben. Sie tragen nie die Verantwortung. Sie schmollen wie ein rauchender Vulkan vor sich hin, es kommt allerdings nie zu einem richtigen Ausbruch. Die Behandlung mit Willow kann hier den Blick auf die positiven Seiten des Lebens ermöglichen. So kann der Willow-Mensch entdecken, dass auch er das Leben optimistischer betrachten kann, statt nur zu jammern.

Kätzchen

Die langen, dünnen Kätzchen erscheinen mit den ersten Blättern.

Informationen

Botanischer Name
Salix vitellina (Dotter-Weide)

Vorkommen
Nasse, tief liegende Böden

Pflanzenbeschreibung
S. vitellina (eine Unterart der Silberweide) ist die einzige Weidenart, aus der das Mittel Willow gewonnen wird. Ihre Zweige sind im Winter leuchtend gelb. Im späten Frühjahr, wenn *S. vitellina* blüht, erscheinen lange, schlanke, männliche und weibliche Kätzchen.

Zubereitung
Kochmethode. Sie benötigen männliche und weibliche Kätzchen, junge Blätter und etwa 15 Zentimeter lange Zweige.

Anwendung
Groll, Verbitterung, Selbstmitleid; überzeugt davon, unfair behandelt worden zu sein und zu werden; anderen die Schuld für das, was einem passiert, geben; fehlende Erfüllung; das Gefühl nicht zu bekommen, was man verdient; unaufhörliches Kritteln, sich über alles und jeden beschweren.

Was die Behandlung bewirken kann
Das Mittel wird Ihnen helfen, sich weniger verbittert zu fühlen. Sie werden dem Leben stattdessen optimistischer gegenüberstehen und erkennen, was Freundschaft und Gesellschaft Ihnen bieten.

Winterfärbung
Die Dotter-Weide wird ihrem Namen gerecht: Sie färbt sich im Winter leuchtend gelb.

Das Mittel Willow

Der Blick nach außen
Willow-Menschen sind in sich gekehrt und voller Selbstmitleid.

Willow-Menschen haben sich in sich selbst zurückgezogen, weshalb sie extrem negativ denken. Sie können in keiner Sache etwas Gutes sehen. Und sie sind sich immer sicher, dass sie auf keinen Fall an irgendetwas schuld sind. Sie sind stets die Ersten, die den Dingen einen Dämpfer verpassen, wodurch sie sich mit allen anderen grundsätzlich überwerfen. Sie sind immer die Spielverderber. In einem negativen Willow-Zustand werden Sie sich sehr wahrscheinlich als das vom Schicksal verfolgte Opfer fühlen, vom Leben ungerecht behandelt und voller Bitterkeit und Groll. Verdrießlich, launisch, empfindlich und nachtragend, werden Sie anderen ihr Glück neiden. Sie erwarten viel vom Leben, sind jedoch nicht bereit, selbst etwas zu geben

Sie sind außerdem undankbar. Sie nehmen zwar jede Hilfe und jeden Rat von anderen an, ein Dankeschön darf man jedoch nicht von Ihnen erwarten. Auf lange Sicht entfremdet Sie das von anderen, denen einfach allmählich die Geduld mit Ihrem egoistischen Selbstmitleid ausgeht. Die damit einhergehende Isolation macht die Sache noch schlimmer. Sie werden noch nachtragender und ziehen sich weiter in Ihren Panzer zurück.

Der Weg nach draußen

Wenn Sie sich in einer solchen Situation befinden, müssen Sie sich zunächst darüber klar werden, dass Sie und nur Sie allein die Verantwortung für diesen Seelenzustand tragen. Sie müssen aufhören, nur nach innen zu schauen und schrittweise die unsichtbaren Mauern niederreißen, die Sie um sich errichtet haben. Dabei hilft Ihnen das Mittel Willow. Sie müssen unbedingt etwas gegen diesen Zustand tun, denn sonst kann sich das Problem zu einer dauerhaften Beeinträchtigung entwickeln. In diesem Fall würden Selbstmitleid, Groll und der Blick nach innen sich ständig gegenseitig bestärken.

Die Einnahme des Mittels hilft Ihnen jedoch, sich von den negativen Ketten zu lösen. Sie werden feststellen, dass es möglich ist, großzügig gegen andere Menschen zu sein, statt ihnen ihr Leben und ihren Erfolg zu missgönnen. Sie können sie nun schätzen und von ihnen lernen. Wahrscheinlich werden Sie, wenn auch widerwillig, einsehen, dass Sie möglicherweise nicht immer recht haben und Sie werden mit dieser Tatsache umgehen können.

Der negative Zustand

Der negative **Willow**-Zustand ist durch Bitterkeit, Groll und die Tendenz, stets das Negative zu sehen, gekennzeichnet.

Grenzen erkennen

Oak-Typen sind Kämpfer, die ihren Energiehaushalt erschöpfen können.

OAK

Oak-Menschen haben eine extrem positive Weise an das Leben heranzugehen. Sie sind Kämpfer, die nie die Hoffnung verlieren oder aufgeben. Das Einzige, was Ihnen Probleme machen kann, ist Ihre Tendenz stets an die Grenzen ihrer Kräfte zu gehen und die Alarmsignale ihres Körpers dabei zu ignorieren. Die Bachblüte Oak hilft hier auf zwei Arten. Sie hilft Ihnen, Ihre Batterien wieder zu laden sowie besser zu erkennen, wo Ihre Grenzen sind und dass es auch Zeiten zum Ausruhen gibt.

„Eichenherz"

Eichen (Oaks) sind starke und kräftige Bäume. „Heart of Oak" („Eichenherz") ist eine alte Bezeichnung der britischen Marine für ihre Schiffe.

Informationen

BOTANISCHER NAME
Quercus robur (Stiel-Eiche)

VORKOMMEN
Wälder, Hecken und Wiesen

PFLANZENBESCHREIBUNG
Männliche und weibliche Blüten entwickeln sich am selben Baum. Sie blühen von Mitte bis Ende des Frühlings, wenn sich auch die jungen Blätter entfalten. Die männlichen, gelblichen Kätzchen erscheinen in losen, hängenden Gruppen. Die winzigen, an der Spitze purpurfarbenen, weniger zahlreichen, weiblichen Blüten sind in Gruppen von zwei bis fünf zwischen den neuen Blättern verborgen.

ZUBEREITUNG
Sonnenmethode

ANWENDUNG
Sich geistig, körperlich und seelisch völlig matt und erschöpft fühlen, jedoch weitermachen und nicht darüber klagen; das natürliche Ruhebedürfnis ignorieren; bestrebt, keine Müdigkeit und Schwäche zu zeigen, sich über die Grenze seiner Kräfte hinaus hart und systematisch bemühen.

WAS DIE BEHANDLUNG BEWIRKEN KANN
Das Mittel wird Ihre inneren Batterien wieder aufladen und Ihnen helfen, mit frischer Kraft die Wechselfälle des Lebens zu bestehen. Es hilft auch, die positiven Qualitäten Ausdauer, Verlässlichkeit, Standhaftigkeit und gesunden Menschenverstand zum Vorschein zu bringen. Sie werden in der Lage sein, Ihre Kräfte vernünftig einzuteilen und sich, wenn nötig, Ruhe zu gönnen.

Blütenmittel

Für das Bachblütenmittel Oak werden nur die weiblichen Blüten verwendet.

Das Mittel Oak

Kraft

Oak-Menschen sind wie die Eiche stark und ausdauernd.

Oak-Menschen sind wie die namengebende Eiche körperlich und geistig sehr stark. Sie sind zuverlässig, verlässlich, geduldig und voller Verantwortungsgefühl. Sie geben die Hoffnung nie auf, egal wie schwer das Problem oder die Aufgabe ist, die sie manchmal zu lösen haben. Edward Bach beschrieb sie folgendermaßen: „Sie sind tapfere Menschen, die gegen große Schwierigkeiten kämpfen, ohne aufzugeben oder die Hoffnung zu verlieren." In der Praxis bedeutet dies, dass Sie als Oak-Mensch, auch wenn Sie erschöpft sind und keine Energie mehr haben, ohne zu klagen weiterkämpfen. Sie versuchen sogar, vor anderen Ihre Müdigkeit und Schwäche zu verbergen, denn Sie können nicht zulassen, dass irgendetwas Sie an der Erfüllung Ihrer Pflicht hindert.

Wenn der Druck jedoch unvermindert anhält, können selbst Ihre Willenskraft, Ihr Pflichtgefühl und Ihre übermenschliche Ausdauer sich erschöpfen. Selbst der widerstandsfähigste Oak-Mensch kann an einen Punkt gelangen, an dem er zusammenbricht.

Der gefährliche Punkt

Wenn Sie sich diesem Punkt des Zusammenbruchs nähern, sollten Sie schleunigst eine Behandlung mit Oak beginnen. Es kommt eine Zeit, in der der fortgesetzte Kampf kontraproduktiv wird, da er zum reinen Selbstzweck geworden ist. Ohne dass man dies von außen sieht, leiden Sie innerlich und das Problem kann, wenn es nicht gelöst wird, nur schlimmer werden. Es gibt keine offensichtliche Möglichkeit, aus der Situation herauszukommen, da das Weitermachen um jeden Preis und der Wunsch, andere nicht zu enttäuschen, zu Ihrem persönlichen Glaubensbekenntnis gehört. Wahrscheinlich sind die anderen gerade wegen Ihrer positiven Eigenschaften so abhängig von Ihnen geworden.

Geben und Nehmen lernen

Das Mittel Oak kann Ihnen helfen, flexibler zu reagieren und Ihre verlorene Vitalität und damit Ihre Lebenslust wiederzuerlangen. Daneben können Sie dank der Behandlung mit dieser Bachblüte besser erkennen, dass auch Sie Grenzen haben. Sie können nicht permanent, ohne Rücksicht auf sich selbst zu nehmen, immer bis über Ihre Grenzen gehen – Sie müssen sich die Zeit nehmen, innezuhalten, eine Pause zu machen und auszuruhen.

Der negative Zustand

Der negative **Oak**-Zustand ist durch unermüdliches Weitermachen bis zur geistig-seelischen und körperlichen Erschöpfung gekennzeichnet.

Reinigung
Crab Apple ist das große „Reinigungsmittel", das Ihnen hilft, sich von Gefühlen der Unsauberkeit zu befreien.

CRAB APPLE

Die Blüte ist bei Heilpraktikern, die mit Bachblüten arbeiten, als „Reinigungsblüte" bekannt. Crab Apple sollte man nehmen, wenn man sich körperlich unrein fühlt – etwa nach einer Krankheit oder auch nur, nachdem man etwas Schmutziges berührt hat. Das Mittel ist auch richtig, wenn man sich seelisch unrein fühlt, vor allem, wenn man unter Gefühlen wie Selbstekel leidet. Es kann außerdem bei zwanghaftem Verhalten helfen oder wenn man sich ständig zu intensiv um Kleinigkeiten kümmert.

Frucht
Die Früchte von Crab Apple wachsen in Gruppen an den Enden der Kurztriebe.

Informationen

Botanischer Name
Malus pumila (Paradies-Apfel, Johannis-Apfel)

Vorkommen
Hecken, Dickichte und lichte Wälder

Pflanzenbeschreibung
Crab Apple blüht im späten Frühjahr. Die schönen, herzförmigen Blüten sind außen tief rosa und innen rosa mit einem Hauch von Weiß. Sie sind einfach zu sammeln, da sie in Gruppen an Kurztrieben wachsen.

Zubereitung
Kochmethode. Pflücken Sie die Triebe mit Blüten und Blättern.

Anwendung
Sich körperlich oder geistig unrein fühlen, mit seinem Aussehen unzufrieden sein, sich in Kleinigkeiten verlieren, zwanghaftes Verhalten jeglicher Art.

Was die Behandlung bewirken kann
Crab Apple wirkt, indem es Sie ermutigt, all Ihre positiven Eigenschaften zu schätzen, statt von den negativen besessen zu sein. Es wird Ihnen helfen, die innere Disharmonie, an der Sie vermutlich leiden, aufzulösen.

Blüten
Crab-Apple-Blüten sind außen tief rosa und innen weiß überhaucht.

Das Mittel Crab Apple

Reinigungsmittel
Crab Apple reinigt Körper und Seele.

Crab Apple spielt eine ganz besondere Rolle im Bachblütensystem. Dieses Mittel sollten Sie immer dann anwenden, wenn Sie sich aus unterschiedlichen Gründen schmutzig, unrein oder unsauber fühlen.

Manchmal kann der Auslöser für solche Gefühle körperlicher Natur sein – ein plötzliches Ekzem, ein Hautausschlag, Warzen, Akne und andere Hautprobleme sowie Leberflecken gelten als Ausdruck eines negativen Crab-Apple-Zustands. Das gleiche gilt für negative Verhaltensmuster wie etwa permanente Unfreundlichkeit. So ein Verhalten kann durch Selbstekel ausgelöst werden, ein Ekel, der durch schlechte Gewohnheiten bewirkt wird, die sie trotz aller Versuche nicht lassen können. Dazu gehören zum Beispiel das Rauchen, vor allem, wenn Sie es schon einmal aufgegeben haben und damit gescheitert sind, und das übermäßige Trinken von Alkohol.

Ein ganz deutlicher Hinweis auf einen negativen Crab-Apple-Zustand ist die Konzentration auf unwesentliche Kleinigkeiten. Man kann dann den Wald vor lauter Bäumen nicht mehr sehen und wird zum Opfer einer extremen Detailversessenheit auf Kosten von Dingen, die sehr viel wichtiger sind.

Die Verwendung des Mittels

Crab Apple kann Ihnen helfen, diese Probleme zu überwinden. Einige Heilpraktiker, die mit Bachblüten arbeiten, sagen sogar, dass die Tatsache, dass man das Problem erkennt und angeht, schon der erste Schritt zur Besserung ist.

Das Mittel hilft Ihnen, die Kontrolle über Ihre Denkmuster wiederzuerlangen. Sie lernen die Dinge wieder in der richtigen Perspektive zu sehen. Statt sich bis zur Besessenheit mit Kleinigkeiten zu befassen, entwickeln Sie einen Sinn für Zusammenhänge und Übergeordnetes. Noch wichtiger ist die Erkenntnis, dass Sie unter etwas gelitten haben, das Sie selbst korrigieren können.

Die Anwendung des Mittels hängt von den jeweiligen Umständen ab. Wählen Sie die Anwendung, die in Ihrem Fall am besten passt. Sie können, wie bei den anderen Mitteln, Crab Apple natürlich als Tropfen einnehmen. Außerdem ist es bei körperlichen Symptomen möglich, es für Lotions oder Kompressen zu verwenden. Sie können es auch ins Badewasser geben – sechs Tropfen reichen für eine durchschnittliche Wannenfüllung.

Der negative Zustand

Der negative **Crab-Apple**-Zustand ist durch Gefühle wie Unreinheit, Scham, Selbstekel und Zwanghaftigkeit gekennzeichnet.

FRAGEN & ANTWORTEN

Behandler, die mit Bachblüten arbeiten, begrüßen es, wenn sie nach Dr. Bach, den Mitteln, die er entdeckt hat und der Heilweise gefragt werden, die sie anwenden. Was Edward Bach schuf, war ein Selbsthilfesystem. Gute Behandler werden Sie ermutigen, mehr über die Mittel herauszufinden, sodass Sie sie allein benutzen können. Ein weiterer Ausgangspunkt ist Bachs letztes Buch – *The Twelve Healers and Other Remedies* –, in dem er seine abschließenden, ausgereiften Gedanken über die 38 Mittel, die er entdeckt hatte, niederlegte.

F Als ich die Mittel einnahm, entwickelte sich eine Halsentzündung. Könnte das eine Wirkung der Mittel sein?

A *Ganz selten kommt es dazu, dass Menschen, die Bachblüten einnehmen, leichte körperliche Symptome entwickeln. Diese sind Teil des Reinigungsprozesses und nichts, worüber man sich sorgen sollte. Wenn die Symptome sehr stark waren, handelte es sich möglicherweise um einen Zufall. Ihr Gesundheitszustand kann sich nur durch den Ausgleich, den die Mittel bewirken, verbessern.*

F Wie lange sind die Mittel haltbar?

A *Die Haltbarkeitsangaben auf den Stock Bottles entsprechen der Haltbarkeit des Alkohols, in dem die Blütenessenz gelöst ist und sind gesetzlich vorgeschrieben. Untersuchungen zeigen, dass die Blütenessenzen grundsätzlich sehr viel länger wirksam sind.*

F Mein Problem ist, dass ich in nahezu jeder Mittelbeschreibung etwas Negatives von mir selbst erkennen kann. Wie finde ich die tatsächlich für mich geeigneten Mittel? Gibt es spezielle Einstiegsmittel?

A *Es gibt keine Rangfolge, obwohl manche Mittel wie Olive und White Chestnut öfter benötigt werden als etwa Rock Water und Water Violet. Sie müssen sich einfach darüber klar werden, wie Sie sich fühlen. Falls mehr als sieben Mittel in Frage kommen, müssen Sie die streichen, die sich auf vorübergehende Gefühle beziehen. Denken Sie daran, dass schon das Nachdenken über sich selbst und seine Gefühle therapeutisch wirkt.*

F Ich kann akzeptieren, dass die Mittel die Essenz der Blüten enthalten, aber ich verstehe nicht, wie das funktioniert. Auch wie die Mittel wirken, verstehe ich nicht. Können Sie mir helfen?

A *Der aktive Bestandteil wird sicherlich eines Tages wissenschaftlich nachgewiesen werden können, aber im Moment kann ich Ihnen nur sagen, dass die meisten hier über abstrakte Dinge wie „feinstoffliche Energie" und Schwingungen sprechen. Am besten ist immer noch Bachs eigene Definition. Er verglich die Mittel mit wunderschöner Musik, die ein Glücksgefühl erzeugt, auch wenn man nicht versteht, wie es funktioniert.*

F Wie lange muss ich die Mittel nehmen, bis ich erste Wirkungen spüre?

A *Das hängt davon ab, wie tief das Problem sitzt. Manchmal wirken die Mittel sehr rasch. Sie sollten jedoch berücksichtigen, dass es bis zu drei Wochen dauern kann, bis Sie eine Besserung spüren.*

F Kann man Bachblüten mit anderen Blütenessenzen kombinieren?

A *Man kann Bachblüten mit anderen Blütenessenzen kombinieren, es ist aber unnötig. Man muss sie als vollständiges, in sich geschlossenes Heilsystem sehen, das in Flexibilität und Einfachheit unübertroffen ist.*

Mittel bei übergroßer Besorgnis um andere

Vine
Vine-Typen können sehr dominierend und kompromisslos sein.

Zur letzten Gruppe der Seelenzustände, die Edward Bach identifizierte, gehören fünf Mittel, die alle etwas mit Egoismus zu tun haben.

Chicory ist beispielsweise das richtige Mittel, wenn man dazu neigt, sehr besitzergreifend zu sein. Menschen im negativen Chicory-Zustand neigen zu egozentrischem Verhalten, das letztlich ihren eigenen Zielen dient. Sie sind die geborenen Märtyrer. Wenn sie ihren Willen nicht durchsetzen können, klagen sie lautstark darüber. Sie können über die vermeintliche Undankbarkeit anderer ihren Bemühungen gegenüber sogar in Tränen ausbrechen.

Seinen Willen durchsetzen

Vervain-Menschen sind sehr rechthaberisch und festgefahren. Sie versuchen, andere zu ihren Überzeugungen zu bekehren. Sie sind sich oft selbst der ärgste Feind, da sie schnell zum Opfer übermäßiger Begeisterung werden. Wenn die Begeisterung nicht auf Normalmaß zurückgefahren wird, kann es passieren, dass sie immer mehr übertreiben, bis ihre geistigen und körperlichen Kräfte erschöpft sind.

Vine-Menschen besitzen einen ähnlich starken Willen. Sie sind außerdem sehr ehrgeizig. Sie können dafür anfällig sein, ihre Gaben zur Beherrschung anderer auszunutzen. Dies kann soweit gehen, dass sie andere als

Fußabtreter missbrauchen, weil sie der Ansicht sind, dass sie immer Recht haben. Beech-Menschen sind Kritiker und schnell dabei, alles zu verurteilen, was sie nicht verstehen, statt sich damit auseinander zu setzen. Ihre Intoleranz anderen gegenüber kann sie reizbar und bissig machen.

Der Rock-Water-Typ dagegen versucht – anders als Vine-Typen – nicht, sich in das Leben anderer einzumischen. Stattdessen ist er völlig selbstbezogen, voller hoher Ideale, allerdings streng, unflexibel und fordernd sich selbst gegenüber. Er ist sich selbst der heftigste Kritiker beim Versuch, seinen eigenen Idealen gemäß zu leben.

Fordernd

Chicory-Typen können sehr herzlich wirken. Im negativen Zustand können sie jedoch äußerst selbstbezogen und fordernd sein.

CHICORY

Oberflächlich betrachtet können Chicory-Menschen selbstlos erscheinen, da sie viel Zeit und Energie aufwenden, um sich um andere Menschen zu sorgen. Tatsächlich sind sie jedoch äußerst besitzergreifend und mischen sich in das Leben der ihnen Nahestehenden ein. Wenn sie zurückgewiesen werden, brechen Sie fassungslos in Selbstmitleid aus. Das Mittel hilft solchen Menschen, wahre Sorge und Hingabe zu empfinden.

Blüten

Chicory blüht im Hochsommer. Es erscheinen jeweils nur wenige Blüten gleichzeitig.

Informationen

Botanischer Name
Cichorium intybus (Wegwarte, Zichorie)

Vorkommen
Kies, kalkige Böden, Brachen und offene Straßenränder und Feldränder

Pflanzenbeschreibung
Chicory blüht vom Hochsommer bis zum Frühherbst. Die blauen, sternförmigen, ungestielten Blüten wachsen jeweils zu zweit oder zu dritt in den Blattachseln der Stängelblätter.

Zubereitung
Sonnenmethode. Die Blüten sind sehr empfindlich. Wenn sie gepflückt werden, welken sie schnell. Es ist deshalb am besten, jeweils nur zwei bis drei Blüten zu pflücken und diese rasch auf die Wasseroberfläche zu geben.

Anwendung
Zeit und Aufmerksamkeit von anderen fordern; Festhalten an Bindungen, die sich überlebt haben; Vergnügen daran finden, ständig zu kommentieren, korrigieren und kritisieren; sich schnell gering geschätzt, übergangen und verletzt fühlen; zornig und ärgerlich werden, wenn man keine Liebe und Aufmerksamkeit bekommt.

Was die Behandlung bewirken kann
Das Mittel hilft Ihnen, Selbstsucht und selbstsüchtige Wünsche zu überwinden. Sie werden stattdessen in der Lage sein, anderen Liebe und Hingabe zu schenken, ohne etwas dafür zu erwarten oder zu brauchen. Als Ergebnis werden Sie sich Ihrer selbst viel sicherer sein.

Zart
Die Blüten welken rasch und müssen deshalb schnell verarbeitet werden.

Das Mittel Chicory

Fürsorge
Das Mittel hilft Ihnen, anderen wirkliche Anteilnahme zu zeigen.

Im positiven Zustand sind Chicory-Menschen wunderbare, fürsorgliche Freunde und Eltern. Aber Chicory hat auch eine dunkle Seite. Im negativen Chicory-Zustand können solche Menschen im Extremfall emotionale Blutsauger sein.

Auch im negativen Chicory-Zustand erscheinen diese Menschen jedoch so, als ob es ihnen nur um das Wohl der anderen ginge. Die Realität sieht anders aus. Die Chicory-Hingabe kann äußerst egoistisch und falsch sein. Sie basiert dann nicht auf altruistischer Sorge, sondern ist ein Produkt von Eifersucht und Egoismus.

Sie werden wahrscheinlich feststellen, dass Menschen in einem negativen Chicory-Zustand dazu neigen, in jedem Gespräch das Wort „Pflicht" zu erwähnen: Das Letzte, was sie damit meinen, ist ihre Pflicht anderen gegenüber. Sie meinen immer die Pflicht, die andere ihnen schulden. Sie erwarten ständig Dankbarkeit und Lob. Falls dies einmal ausbleibt, baden sie in Selbstmitleid und brechen angesichts der ihrer Ansicht nach fehlenden Anerkennung teilweise sogar in Tränen aus.

Mit Egoismus umgehen

Kinder im negativen Chicory-Zustand sind grundsätzlich unglücklich und brauchen Hilfe. Wenn sie keine Hilfe erhalten, kann ihr Problem sich negativ auf die Beziehungen zwischen Kind und Eltern auswirken. Aber der Zustand muss in jedem Alter behandelt werden. Wenn Sie unter den Einfluss einer Chicory-Person geraten, werden sie das gleich erkennen. Sie werden feststellen, dass Ihnen durch die Forderung dieser Person Energie entzogen wird. Von Ihnen wird nicht nur ganz selbstverständlich sehr viel erwartet. Sie werden auch bemerken, dass Sie sich so einer Person nicht entziehen können, ohne selbst seelischen Schaden zu erleiden.

Die Chicory-Wandlung

Die Aussichten sind keineswegs düster, da immer ein Potenzial für die im positiven Chicory-Zustand typische, vorhandene Fähigkeit zu lieben und sich zu kümmern existiert. Das Mittel bereitet alles für diesen Wandel vor. Wenn es wirkt, wird man bemerken, dass es möglich ist, selbstlos zu sein. Man gewinnt die Fähigkeit, zu geben, ohne etwas dafür zu erwarten. Im Ergebnis wird man sich viel glücklicher fühlen als zuvor.

Der negative Zustand

Der negative **Chicory**-Zustand ist geprägt von Selbstsucht, Besitzergreifen, egoistischer Sorge um sich selbst und Dominierung anderer.

Subjektivität

Im negativen Zustand verlieren Vervain-Typen die Fähigkeit, den Standpunkt anderer anzuerkennen.

VERVAIN

Vervain-Menschen sind laut Edward Bach voller „großer Ideale und Ziele für das Wohl der Menschheit". Sie „hören nicht gerne auf Ratschläge" und können „intolerant bezüglich der Ideen anderer" sein. Sie besitzen einen starken Willen. Die Probleme tauchen in dem Moment auf, wenn sie sich von ihrem Enthusiasmus vorantreiben lassen, wenn ihre Unfähigkeit abzuschalten sie dazu bringt, sich komplett zu überarbeiten. Das Mittel hilft solchen Menschen, geistig flexibler zu sein und rechtzeitig zu entspannen.

Sammeln

Vervain blüht vom Hochsommer bis zum Spätsommer und wird am besten noch jung gepflückt.

Informationen

Botanischer Name
Verbena officinalis (Eisenkraut)

Vorkommen
Trockene, sonnige Weiden, Brachen und Straßenränder

Pflanzenbeschreibung
Vervain bringt kleine, blasse hellviolette oder lila Blüten hervor, die vom Hochsommer bis zum Spätsommer blühen. Die unten sitzenden Knospen öffnen sich vor den oberen.

Zubereitung
Sonnenmethode. Sammeln Sie keine verblühten oder abgestorbenen Blüten.

Anwendung
Übereifer und übermäßige Hingabe an eine Sache; besessen von den eigenen Ansichten bis hin zum Ausblenden aller anderen Meinungen; Unrechtsempfinden, das zu Fanatismus wird; übermäßige Tatkraft; die Dinge übertreiben, nervliche Anspannungen aufbauen, die nicht aufgelöst werden können.

Was die Behandlung bewirken kann
Vervain erhöht die geistige Beweglichkeit, sodass Sie die Ansichten anderer achten können, statt immerzu einfach Ihre eigenen Ansichten darzulegen. Es wird Ihnen helfen, Ihre Kräfte einzuteilen und sich Zeit für Ruhe und Entspannung zu nehmen.

Zartheit
Vervain ist eine zarte Pflanze mit zarten Blüten.

Das Mittel Vervain

Zuhören
Vervain hilft Ihnen, sich die Ansichten anderer anzuhören.

Ein Vervain-Mensch ist ein Perfektionist und besitzt ein natürliches Gerechtigkeitsgefühl. Als Vervain-Typ sind Sie sehr energiegeladen und Sie stürzen sich auch mit all Ihrer Energie in alles, woran Sie glauben. Und Sie setzen Ihre ganze Kraft ein, um auch andere von den von Ihnen vertretenen Ansichten zu überzeugen.

Ein solcher Enthusiasmus kann zwar ansteckend sein, es besteht jedoch die Gefahr, dass man übertreibt und man dann gar nichts mehr erreicht. Statt auf Überzeugung zu setzen und Rückschläge zu akzeptieren, könnten Sie Gefahr laufen, dogmatisch und festgefahren zu werden und unfähig, etwas zuzulassen, das Ihren Ansichten und Überzeugungen widerspricht.

Es kann zu einem Selbstzweck werden, alles im eigenen Sinn erledigt zu bekommen, und man kann regelrecht besessen davon sein. Wenn das passiert, kann, vor allem, wenn man Ihnen widerspricht, Ihr Stresslevel einen Punkt erreichen, an dem Sie sich noch mehr überschlagen. Sie können arbeitssüchtig oder fanatisch werden, unfähig, sich zu entspannen oder andere Meinungen zuzulassen.

Energie vergeuden

Wenn Sie sich in diesem Zustand befinden, muss Ihnen eines klar sein: Sie müssen etwas daran ändern. Sie laufen Gefahr, sich völlig zu erschöpfen, Ihre Energiereserven aufzubrauchen und damit krank zu werden.

Statt Ihre Energie produktiv einzusetzen, verschwenden Sie sie in sinnlosem Bemühen. In Ihrer absoluten

Entschlossenheit, andere davon zu überzeugen, dass Sie Recht haben, kann Ihnen alles entgleiten.

Zeit für eine Pause

Sie sind nicht mehr offen für die Argumente anderer und Sie sind auch nicht mehr in der Lage, Argumente zu akzeptieren, die Ihren eigenen widersprechen. Je länger dieser Zustand dauert, desto größer wird Ihr Stress. Wenn die Dinge sich nicht so entwickeln, wie Sie sich das vorstellen, kann das bei Ihnen heftigen Zorn auslösen, der wiederum zu neuen Versuchen, die Menschen von Ihren Ideen zu überzeugen, führt.

Das Mittel wird Ihnen helfen, sich aus der Tretmühle zu befreien, die Sie sich selbst geschaffen haben. Sie können wieder ausruhen und Pausen einlegen, sodass Ihre positiven Eigenschaften wieder zum Vorschein kommen können.

Der negative Zustand

Im negativen **Vervain**-Zustand kommt es zu nervlicher Anspannung aufgrund von Übereifer und übermäßiger Tatkraft; man übertreibt.

Natürliche Autorität

Vine-Typen sind die geborenen Führer, aber es besteht das Risiko, dass sie anderen ihren Willen aufzwingen.

VINE

Vine-Menschen sind sehr fähig, stark, mit einer enormen Willenskraft und Geistesgegenwart ausgestattet und geborene Führungspersönlichkeiten. Im negativen Vine-Zustand jedoch kehren sich die Pluspunkte in Minuspunkte um. Statt einfach zu denken, man wüsste, was für andere gut ist, beginnt man sie brutal zu dem zu zwingen, was man für richtig hält. Das Mittel bringt die positiven Seiten zum Vorschein, sodass man statt sich diktatorisch durchzusetzen, erkennt, dass man die Herzen gewinnen muss.

Bachblütenessenz

Die Hersteller des Bachmittels Vine vermeiden die Nutzung der kultivierten Rebe.

Informationen

BOTANISCHER NAME
Vitis vinifera (Weinrebe, Weinstock)

VORKOMMEN
Mittelmeerraum

PFLANZENBESCHREIBUNG
Vine ist eine Rankpflanze, die ausgewachsen etwa 15 Meter hoch oder höher wird. Die kleinen, grünen, wohlriechenden Blüten wachsen in dichten Trauben. Die Blütezeit ist abhängig von Klima und Anbauort.

ZUBEREITUNG
Sonnenmethode

ANWENDUNG
Dominanz und Unbeweglichkeit; Versuch, andere zu tyrannisieren; andere rücksichtslos behandeln und ihre Ansichten ignorieren; andere dazu zwingen, sich den eigenen Forderungen zu fügen

WAS DIE BEHANDLUNG BEWIRKEN KANN
Das Mittel hilft dabei, die positiven Eigenschaften von Vine zum Vorschein zu bringen und die negativen durch diese zu ersetzen. Das bedeutet, dass Sie Ihre natürliche Weisheit und den Respekt, den Sie genießen, dazu nutzen können, durch Beispiel und Überzeugung zu inspirieren und zu führen statt durch Zwang.

Ranken
Die Weinrebe klettert mit Hilfe von Ranken.

Das Mittel Vine

Eine positive Kraft
Vine wird Ihnen helfen, Ihre Führungsqualitäten menschlich einzusetzen.

Im positiven Zustand besitzen Vine-Menschen alle Qualitäten einer guten Führungspersönlichkeit, vor allem in Notfällen. Es kann sehr praktisch sein, Vine-Menschen zu kennen.

Im negativen Zustand besteht jedoch die Gefahr, dass sie den Sinn für die Verhältnisse verlieren und sich selbst für unfehlbar halten. Sie gehen dann davon aus, dass sie grundsätzlich richtig entscheiden. Statt andere von den Vorteilen ihrer Entscheidung zu überzeugen und dabei deren Rechte zu wahren, behandeln sie sie wie Fußabstreifer. In diesem Zustand befanden sich wahrscheinlich einige Tyrannen der Weltgeschichte, wie etwa Hitler und Stalin.

Menschen in diesem Zustand leiden nie unter Unsicherheit oder Zweifeln. Sie gehen höchstens davon aus, dass sie anderen Menschen einen Gefallen tun, wenn sie die Dinge rücksichtslos durchsetzen.

Andere beherrschen

Menschen im negativen Vine-Zustand haben ihr Mitgefühl für andere verloren. Sie setzen auf reine Willenskraft und Aktion, um Erfolg zu haben, da sie es als ihre alleinige Aufgabe empfinden, das Leben und all seine Probleme in Angriff zu nehmen. Ihnen fehlt grundsätzlich die Fähigkeit zum Kompromiss. Sie können keine Opposition und keine abweichende Meinung dulden.

Wenn andere sich nach ihnen richten, können Vine-Menschen verträglich sein. Sobald sich jedoch Widerstand bildet, gehen sie zum Schikanieren über (vor allem gegenüber ihren Untergebenen oder Abhängigen). Sie lassen sich auch leicht dazu verführen, über andere, sanftere, unterwürfigere Charaktere zu herrschen. Centaury-Menschen sind beispielsweise oft geborene Vine-Opfer. Vine-Menschen sind die großen Meister der Gesetzgebung.

Das Bild wandeln

Mit der Einahme des Mittels kann man eine radikale Wandlung des negativen Vine-Zustands erreichen. Man erkennt, dass man seine Führungskraft auch weise, menschlich und positiv einsetzen kann. Man hat kein Bedürfnis mehr, sich herrisch und diktatorisch zu verhalten. Die natürliche Autorität wird nicht darunter leiden. Tatsächlich wird sie wahrscheinlich eher gestärkt werden, weil sie nun mit einem neu erworbenen Respekt für die Wünsche und Rechte anderer einhergeht.

Der negative Zustand

Im negativen **Vine**-Zustand fehlen Mitgefühl oder Rücksichtnahme und der Sinn für Verhältnismäßigkeit.

Schönheit
Das Mittel Beech bringt mehr Schönheit ins Leben.

BEECH

Nach Edward Bach ist Beech das Mittel für Menschen, die „das Bedürfnis haben, in ihrer Umgebung mehr Gutes und Schönes zu sehen". Das Anzeichen für den negativen Beech-Zustand ist die fehlende Toleranz gegenüber anderen, vor allem, wenn es um die Art und Weise, wie diese leben, geht. Das macht Beech-Typen zu ständigen Nörglern und Kritikern, die schnell dabei sind, andere zu verdammen, anstatt sich zu bemühen, sie zu verstehen. Das Mittel verhilft zu mehr Toleranz, Verständnis und Gelassenheit.

Größe
Alte Buchen können bis zu 30 Meter hoch sein.

Informationen

Botanischer Name
Fagus sylvatica (Rotbuche)

Vorkommen
Wälder

Pflanzenbeschreibung
Beech blüht von Mitte bis Ende des Frühjahrs, wenn auch die Blätter erscheinen. Männliche und weibliche Blüten sind am selben Baum. Die männlichen, purpurartig braunen, bilden hängende Gruppen an langen Stielen. Je zwei Blüten in einem Kelch aus sich überlappenden Schuppen bilden eine weibliche Blütengruppe.

Zubereitung
Kochmethode. Nutzen Sie junge Triebe mit frisch geöffneten Blättern sowie männlichen und weiblichen Blüten.

Anwendung
Über andere zu Gericht sitzen; intolerant gegenüber Ansichten und Wünschen anderer; anderen und allem, was andere zu tun versuchen, ständig kritisch gegenüberstehen.

Was die Behandlung bewirken kann
Das Mittel ermutigt Sie, das Gute in anderen zu sehen. Es gibt Ihnen die Fähigkeit, toleranter und verständnisvoller zu sein. Sie werden dann bereit sein, anderen zuzuhören und dem, was sie sagen, Aufmerksamkeit zu schenken. Sie werden fähig sein, mit anderen konstruktiv zu arbeiten, statt Ihre Zeit damit zu verbringen, sie ständig für ihre vermeintlichen Fehler und Unzulänglichkeiten zu kritisieren.

Sammeln
Beech sollte gesammelt werden, sobald sich die Blüten ganz geöffnet haben.

Das Mittel Beech

Toleranz
Beech fördert Verständnis und Toleranz für die Ansichten anderer.

Falls Sie ein Beech-Typ sind, besitzen Sie einen gut entwickelten Sinn für Recht und Unrecht und verfügen über eine hoch entwickelte Ethik und Moral. Leider sind Sie im negativen Beech-Zustand so von Ihrer eigenen Rechtschaffenheit überzeugt, dass Sie, statt das Recht anderer auf ihre eigenen Ansichten zu respektieren, eine völlig intolerante Haltung einnehmen können.

Sie reagieren mit permanenter Kritik: Sie sind einfach nicht in der Lage, andere Ansichten als Ihre eigenen gelten zu lassen. Sie sind nicht nur davon überzeugt, dass das, was Sie wünschen, richtig ist, sondern auch, dass es für andere völlig unlogisch ist, etwas dagegen zu haben. Wenn Sie selbst kritisiert werden, können Sie sehr destruktiv und missbilligend reagieren.

Menschen heruntermachen

In den Augen der anderen sind Sie in einem negativen Beech-Zustand ein permanenter Nörgler, den man am besten meidet. Statt sich die Dinge in Ruhe anzusehen, fällen Sie, ohne etwas wirklich zu kennen, sofort Ihr vernichtendes Urteil. Sie wirken auf andere arrogant, engstirnig und bar jeder Bescheidenheit und Menschlichkeit.

Diese Reaktionen sind durchaus berechtigt. Sie achten nur auf die Unzulänglichkeiten der anderen. Sobald Sie Fehler entdeckt haben, sind Sie nur allzu bereit, diese zu kritisieren und zu verdammen, statt wenigstens etwas konstruktiv zu sein. Sie scheinen unfähig, sich in andere hineinzuversetzen und ihren Blickwinkel einzunehmen.

Auch wenn sie für viele oberflächlich betrachtet ruhig und geduldig wirken, können Sie im Innern äußerst gereizt sein. Schon kleine Eigenheiten anderer Menschen können diese Gereiztheit offensichtlich machen. Möglicherweise sind Sie auch einsam, da Ihre strenge, intolerante Haltung eine Freundschaft mit Ihnen sehr schwierig macht.

Toleranter werden

Das Mittel kann Ihnen helfen, „toleranter, nachsichtiger und verständnisvoller hinsichtlich der unterschiedlichen Weise, in der Individuen und alles auf der Welt der Perfektion zustreben" zu werden. Sie werden anerkennen können, dass es tatsächlich einiges gibt, was für diese Vielfalt spricht. Außerdem werden Sie lernen, dass Sie selbst nur dann profitieren, wenn Sie willens sind, von anderen zu lernen und ihnen zu helfen.

Der negative Zustand

Der negative **Beech**-Zustand ist durch Intoleranz gegenüber den Wünschen, Meinungen und Handlungen anderer geprägt.

Perfektionismus

Ein typisches negatives Charakteristikum des Rock-Water-Typs ist die Selbstbestrafung, falls man seinem eigenen Maßstab nicht gerecht wird.

ROCK WATER

Rock Water ist der seltsame Einzelgänger unter den Bachblüten. Es ist das einzige Mittel, das nicht aus einer Pflanze zubereitet wird. Es besteht aus frischem reinen Quellwasser aus Heilquellen. Sie benötigen das Mittel, wenn Sie aus einer puritanischen Lebenshaltung heraus zu Extremen neigen, darunter auch die Selbstbestrafung, falls Sie Ihre möglicherweise hoch gesteckten Ideale nicht erreichen. Rock Water nimmt den Druck von Ihnen und macht Sie entspannter und flexibler, ohne Ihre Ideale und Ihre Anstrengung, diese zu erreichen, zu verraten.

Wales

Das Wasser, das derzeit vom Bach-Zentrum für das Mittel Rock Water benutzt wird, stammt aus einer Quelle in Wales.

Informationen

HERKUNFT
Saubere, natürliche Quellen und Brunnen

ZUBEREITUNG
Sonnenmethode

ANWENDUNG
Den Märtyrer spielen; sich selbst die einfachsten Freuden im Leben versagen; sich selbst bestrafen, wenn man vom selbst vorgegebenen Pfad abweicht.

WAS DIE BEHANDLUNG BEWIRKEN KANN
Das Mittel fördert die geistige Flexibilität. Es verleiht Ihnen die Fähigkeit, das Leben und das, was es bringt, entspannt und gelassen zu genießen und trotzdem Ihre ursprünglichen hohen Ideale aufrecht zu erhalten.

Sonnenmethode
Die Sonnenmethode wird eingesetzt, wenn die Sonne die meiste Kraft hat.

Zubereitung
Zur Herstellung des Mittels wird reines Quellwasser mit Sonnenlicht energetisiert.

Das Mittel Rock Water

Flexibilität
Rock Water hilft, hohe moralische Maßstäbe mit Menschlichkeit zu mildern.

Rock Water hilft Ihnen, wenn Sie Gefahr laufen, zu einem Märtyrer Ihrer Glaubensvorstellungen zu werden. Das kann vor allem passieren, wenn Sie eine strenge und unflexible Persönlichkeit entwickelt haben, die keine Kompromisse eingehen kann, auch wenn es für andere Menschen ein normales und vernünftiges Vorgehen wäre, dies schließlich in Betracht zu ziehen.

Sie werden stellenweise auch sehr unbarmherzig zu sich selbst sein. Niemand kann Sie von Ihren hohen selbstgesteckten Idealen abhalten, weshalb Sie sich dazu zwingen, um jeden Preis danach zu leben. Wenn es sein muss, werden Sie für die Perfektion jedes Vergnügen und jede Freude aufgeben: Sie werden sich wie die alten Puritaner mit eisernem Willen selbst beherrschen.

Der Kampf um die Perfektion kann viele Gestalten annehmen. Möglicherweise gehört es zu Ihren Zielen, stets in einer geistigen und körperlichen Top-Verfassung zu sein. Vielleicht wollen Sie auch ein Star des Mensa-Clubs werden oder einen prestigeträchtigen Halbmarathon gewinnen. Sie beeinflussen die anderen zwar nicht bewusst, aber Ihr Vorbild wirkt beispielgebend.

Was Sie verpassen

In diesem Zustand können Sie nicht mehr erkennen, dass der Zwang, den Sie sich antun, zur Unterdrückung anderer notwendiger menschlicher Bedürfnisse führt. Sie begehen den Fehler zu denken, dass alles, was Sie von sich – möglicherweise zunehmend übertrieben – verlangen, einen Schlüssel zu Erleuchtung und Selbstverwirklichung darstellt. Dies ist nicht der einzige Weg. Der entstehende Druck kann zu Stress, Unglück und Selbstvorwürfen führen.

Das Leben neu überdenken

Das Mittel Rock Water hilft Ihnen, die Situation neu einzuschätzen. Sobald das Mittel Ihnen hilft, Ihr Leben neu zu überdenken, werden Sie erkennen, dass kein Mensch perfekt ist. Das heißt nicht, dass Sie Ihre hohen Ideale aufgeben müssen. Es heißt nur, dass Sie offen sein müssen. Auf diese Weise wird es Ihnen auch gelingen, vorgefasste Meinungen aufzugeben und etwa aus neuen Kontakten und neuen Erfahrungen das Beste herauszuholen, statt zu verneinen, dass Ihnen andere Menschen und neue Erfahrungen etwas Nützliches vermitteln könnten.

Der negative Zustand

Der negative **Rock-Water**-Zustand ist durch die Suche nach Perfektion und die Selbstbestrafung, falls diese nicht erlangt wird, geprägt.

STAR OF BETHLEHEM

CLEMATIS

RESCUE REMEDY

Die Notfalltropfen, die unter dem Namen Rescue Remedy verkauft werden, sind ohne Zweifel die bekanntesten der 39 Bachtropfen. Sie bestehen aus fünf Einzelmitteln, eine Rezeptur von Edward Bach persönlich – er selbst trug stets ein Fläschchen bei sich. Die Mixtur hilft in Notfällen und Krisen, wenn man keine Zeit zur Auswahl bestimmter Einzelmittel hat, um die Situation schnell in den Griff zu bekommen.

IMPATIENS

Einnahmeflasche

Sie können eine eigene Mischung mit den gleichen Blüten wie in Rescue Remedy herstellen. Sie sollten diese nur nicht weiter verdünnen.

CHERRY PLUM

ROCK ROSE

Informationen

RESCUE REMEDY BESTEHT AUS

- Star of Bethlehem (bei Schock)
- Rock Rose (bei Entsetzen und Panik)
- Clematis (bei Schwäche und Bewusstlosigkeit)
- Impatiens (bei geistigem Stress, geistiger Anspannung und Erschütterung)
- Cherry Plum (bei Verzweiflung und Verlust der Selbstkontrolle)

Creme
Sie können Rescue Remedy und Crab Apple in eine Creme mischen.

Dosierung
Nippen Sie an einem Glas Wasser mit Rescue Remedy, bis die Krise vorbei ist.

Rescue Remedy

Notfall
Rescue Remedy hilft in Notfallsituationen.

Rescue Remedy hilft Ihnen in jedem kleinen und großen Notfall. Tausende von Menschen weltweit, die sich in Zeiten der Krise oder bei schockartigen Erlebnissen mit dem Mittel geholfen haben, können seine Wirkung bezeugen. Manche Menschen nehmen es regelmäßig ein, obwohl dies nicht Sinn der Sache ist – aber es schadet nicht. Es ist zwar keineswegs gefährlich, Rescue Remedy über einen längeren Zeitraum einzunehmen. Aber statt es rund um die Uhr zu nehmen, wäre es sinnvoller, mit auf Sie abgestimmten Einzelmitteln etwas gegen Ihre permanente Krise zu tun.

Die Entwicklung des Mittels

Die ursprüngliche Zusammensetzung von Rescue Remedy bestand aus Rock Rose, Clematis und Impatiens: Edward Bach fügte dem Star of Bethlehem und Cherry Plum hinzu, nachdem er diese beiden Mittel entdeckt hatte. Er setzte Rescue Remedy 1933 ein, um das Leben eines Seemanns zu retten, der während eines Sturms an der Küste von Norfolk über Bord ging. Auch wenn Rescue Remedy ein hervorragendes Notfallmittel ist, ersetzt es doch keinesfalls erfahrene ärztliche Behandlung. Dafür war es auch nie gedacht.

Es gibt unterschiedliche Arten, das Mittel einzunehmen. Üblicherweise mischt man vier Tropfen der Essenz aus der Stock Bottle in ein Wasserglas und lässt den Patienten von dieser Mischung regelmäßig nippen, bis er sich beruhigt.

Wenn der Patient dazu nicht in der Lage oder gar bewusstlos ist, benetzt man dessen Lippen, die Zunge, das Zahnfleisch, den Bereich hinter den Ohren oder das Handgelenk mit dem energetisierten Wasser. Wenn man kein Wasser zum Mischen hat, kann man auch die pure Essenz verwenden.

Man kann das in Wasser gelöste Mittel auch auf kleinere Verletzungen auftragen, es ins Badewasser träufeln, um ein schmerzendes Gelenk darin zu baden, oder es für heiße oder kalte Kompressen verwenden. Man nimmt dann vier Tropfen auf 0,5 Liter Wasser.

Man kann auch Rescue Cream verwenden. Diese enthält Rescue Remedy und Crab Apple. Die Creme wurde von Nora Weeks entwickelt, Bachs Assistentin. Man kann damit Schnittverletzungen, Kratzer und unterschiedliche Hautprobleme behandeln.

Der negative Zustand

Der negative Zustand, der nach **Rescue Remedy** verlangt, ist eine Krise oder ein Notfall, der sofortige Behandlung erfordert.

DIE MITTEL IN DER PRAXIS

Die abschließenden Fallstudien, die von den Experten am Bach-Zentrum aus ihren Archiven gewählt wurden, zeigt die große Vielfalt an Gegebenheiten, bei denen sich Rescue Remedy als im Notfall unschätzbares Erste-Hilfe-Mittel für das Gemüt erwiesen hat. Edward Bach selbst hatte immer ein Fläschchen des Mittels dabei – und es hat seinen Wert sicherlich mehr als bewiesen, seit er die verschiedenen Zutaten vor vielen Jahrzehnten erstmals gemischt hat. In Kriegs- und Friedenszeiten, bei schweren Unfällen und kleinen Verletzungen: es war stets gebrauchsfertig zur Hand, wenn es benötigt wurde. Die Fallstudien zeigen auch die verschiedenen äußerlichen und innerlichen Anwendungsformen des Mittels: unverdünnt, verdünnt und als Salbe.

Fallstudie

„Ich klemmte meinen Daumen zwischen dem oberen und unteren Fensterrahmen eines defekten Schiebefensters ein und konnte ihn nicht frei bekommen, bis die Rahmen buchstäblich auseinander gebrochen wurden. Es war ein großer Schock, ich war in Panik und ich fühlte mich einem hysterischen Anfall nah. Der Schmerz war extrem und der Nagel war schwarz geworden.

Ich holte eilends **Rescue Remedy**, nahm davon ein und gab etwas in eine Schale Wasser, in die ich für etwa 15 Minuten meinen Daumen tauchte. Meine Nerven beruhigten sich fast sofort und zu meinem Erstaunen verschwand die schwarze Verfärbung innerhalb einer halben Stunde. Am nächsten Tag war die zurückgebliebene Empfindlichkeit verschwunden. Ich habe nicht einmal den Nagel verloren."

Fallstudie

„In den Weihnachtsferien verlor ich unglücklicherweise die Füllung eines Zahnes, sodass der Nerv frei lag. Während der nächsten paar Tage, bis ich einen Zahnarzt erreichen konnte, bepinselte ich den Zahn in regelmäßigen Abständen mit **Rescue Remedy**, um den Schmerz zu lindern. Der Schmerz verschwand fast sofort nach jeder Behandlung für mehrere Stunden."

Fallstudie

„Ich mähte eine Böschung und störte versehentlich ein Wespennest. Die zornigen Wespen kamen herausgeschwärmt und stachen mich in die rechte Schläfe, die Wange und ins rechte Nasenloch.

Ich rannte nach drinnen und nahm **Rescue Remedy**. Zusätzlich strich ich **Rescue Cream** auf die Stiche. Der Schmerz verging innerhalb von zwei Minuten und am nächsten Morgen sah man von den Stichen nichts mehr."

WARNUNG: Manche Menschen reagieren sehr empfindlich auf Insektenbisse oder -stiche. Wenn Sie Schwierigkeiten beim Atmen oder starke Schwellungen oder aber eine bekannte Allergie bei Insektenbissen oder -stichen haben, dann suchen Sie sofort medizinische Hilfe.

IN DIESER SERIE ERSCHIENEN:

NUR € 3.99

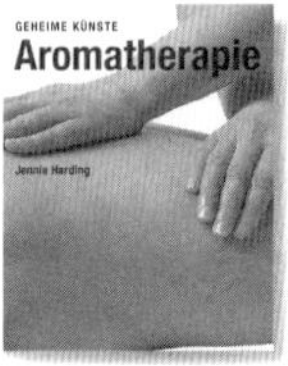

Aromatherapie
Jennie Harding

Ayurveda
Gopi Warrier, Dr. Harish Verma & Karen Sullivan

Bachblüten
Jeremy Harwood

Chinesische Heilkräuter
Penelope Ody

Energieströme des Körpers
Paul Brecher

Handlesen
Peter West

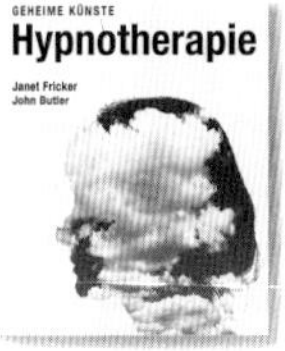

Hypnotherapie
Janet Fricker & John Butler

Numerologie
Dawne Kovan

Pilates
Sally Searle & Cathy Meeus

Qi Gong
Angus Clark

Reflexzonenmassage
Chris McLaughlin &
Nicola Hall

Reiki
Anne Charlish &
Angela Robertshaw

Shiatsu
Cathy Meeus

Tarot
Annie Lionnet

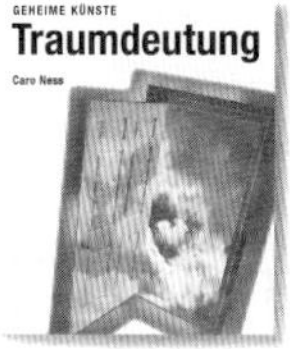

Traumdeutung
Caro Ness

Yoga
Jennie Bittleston

REGISTER

DANKSAGUNG

Der Verlag dankt Deborah Fielding für ihre redaktionelle Unterstützung und Beratung und Stefan Ball und Judy Howard vom Dr Edward Bach Centre für ihre wervollen Hinweise.

BILDNACHWEIS

Wenngleich auch alles versucht wurde, um die Inhaber von Urheberrechten ausfindig zu machen, so bitten wir doch um Nachsicht, falls wir etwas übersehen haben sollten. Gern nehmen wir in zukünftigen Auflagen die notwendigen Änderungen auf.

The Bach Centre 16um, 25, 146ur/Judy Howard 123; **The Bridgeman Art Library**/Privatsammlung 151ur/Natural History Museum, London, GB 207or/Royal Botanical Gardens, Kew, GB 183ur/The Victoria & Albert Museum, London GB 55u; **The Bruce Coleman Collection**/Peggy und Edwin Bauer 186ur/Peter A. Hinchliffe 90u/Werner Layer 91/Colin Varndell 71; **Corbis**/Burnstein Collection110o/Nimmo Jodice 98o/Pat O'Hara 110u/Jonathan Smith, Cordaiy Photo library115 /Vanni Archive 166; **The Garden Picture Library** Brian Carter 170ur/John Glover 54u, 182or/Jacqui Hurst 106ul, 174or/Ron Sutherland 203/Brigitte Thomas 42u/Ros Wickham 130u/Steven Wooster 74u; **The Image Bank** 50o, 62o; **Harry Smith Collection** 38, 46u, 50u, 62u, 66, 67, 70ur, 78, 82, 94ul, 98u, 111, 114ur, 122ur, 126ul, 138ur, 142ur, 147, 150ur, 158ur, 162, 166, 167or, 174ur, 175, 178ul, 179, 182ur, 187or, 194ur, 198ul; **Tony Stone Images**/Bruce Ayres 210ol/Chris Baker 126or/Barts Hospital 74o/Garry Hunter 194ol/Arnulf Husmo 15or/Dave Krieger 198or/Alam Levenson 158o/David Madison 102ol/David Oliver 178or/Neil Robinson 206ol/Timothy Shonnard 94or/Frank Siteman 70ol/Hans Strand 206ur/Vince Streano 202ur/Darryly Torckler 210ur/Charlie Waite 102ur/Chris Windsor 170ol.